# HOLLYWOOD COCKTAILS

# HOLLYWOOD COCKTAILS

TOBIAS STEED

mit Cocktail-Rezepten von

BEN REED

Christian Verlag

Aus dem Englischen übersetzt von Anette Bewermeier für GAIA Text, München

Satz und Produktion: GAIA Text, München



Die Originalausgabe mit dem Titel *Hollywood Cocktails* erscheint gleichzeitig im Verlag Mitchell Beazley, einem Imprint der Octopus Publishing Group Limited, London.


Design: Colin Goody

Druck und Bindung: Toppan Printing Company
Printed in China



ISBN 3-88472-418-5

HINWEIS
Alle Informationen und Hinweise, die in diesem Buch enthalten sind, wurden vom Autor nach bestem Wissen erarbeitet und von ihm und dem Verlag mit größtmöglicher Sorgfalt überprüft. Unter Berücksichtigung des Produkthaftungrechts müssen wir allerdings darauf hinweisen, dass inhaltliche Fehler oder Auslassungen nicht völlig auszuschließen sind. Für etwaige fehlerhafte Angaben können Autor, Verlag und Verlagsmitarbeiter keinerlei Verpflichtung und Haftung übernehmen.
Korrekturhinweise sind jederzeit willkommen und werden gerne berücksichtigt.

ANMERKUNG DES AUTORS
Wir weisen darauf hin, dass die aufgeführten Cocktailrezepte nicht immer mit dem im jeweiligen Film dargestellten Cocktail übereinstimmen. Die Zitate zu den Standfotos sind dem entsprechenden Film entnommen, können aber aus einer anderen als der abgebildeten Szene stammen.

WIDMUNG
Für mein persönliches „Gibson Girl" Catherine und meinen Freund Chris – die Gläser stehen schon im Eisschrank, und der nächste Martini geht auf mich.

# INHALT

6 EINLEITUNG
8 COCKTAILETIKETTE

15 Die Cocktailstunde

39 Aperitifs und Digestifs

83 Drinks für jeden Anlass

111 Drinks für das Katerfrühstück

122 REGISTER DER HAUPTDARSTELLER
123 FILMREGISTER
124 REZEPTREGISTER
127 FILMOGRAFIE

# EINLEITUNG

Welches Ambiente wäre wohl besser geeignet als die großen Filme Hollywoods, um in die glanzvolle Welt der Cocktails einzuführen? Hier gab es Drinks für jede Stimmungslage: leidenschaftliche Verführungen, fröhliche Feste und einsame Stunden; und Drinks für alle Gelegenheiten: intime Gespräche, wilde Parties und glanzvolle Galaabende. Meist waren es einfache, doch elegante Getränke, die den zwanglosen Stil der Filmklassiker widerspiegelten, in denen sie vorkamen.

Heutzutage kreieren Barkeeper unter Aufbietung aller möglichen Spirituosen, Säfte und Geschmackszutaten mit Vorliebe komplizierte Mixturen, von denen jedoch keine den Drinks des alten Hollywood das Wasser reichen kann, einfach deshalb, weil ein guter Cocktail nicht lange geschüttelt werden muss.

Bei der Präsentation unserer Cocktails haben wir uns daher bemüht, eine goldene Regel des Mixens zu befolgen: eine möglichst einfache Rezeptur. Wir haben auch versucht, im richtigen Verhältnis unvergessliche Filme mit unvergesslichen Drinks zu kombinieren. Den Rezepten in diesem Buch sind Filmszenen zur Seite gestellt, in denen Hollywoods Leinwandlegenden an ihren Cocktails nippen: William Powell und Myrna Loy, Greta Garbo, Clark Gable, Humphrey Bogart und Lauren Bacall, Bette Davis und unzählige andere.

Wir haben uns auf Cocktailklassiker konzentriert, die die Zeiten überdauert haben. Unser Ziel war es, eine Auswahl anspruchsvoller Cocktails zusammenzutragen, die sich durch eine neue Ingredienz oder das Austauschen einer Spirituose abwandeln lassen oder sich gar zu einem ganz anderen Drink entwickeln. Wir hoffen, so allen angehenden Cocktailliebhabern in kurzer Zeit die wichtigsten Zutaten und Regeln für ein paar Dutzend klassische Mixturen nahezubringen.

Mit ein wenig Übung werden Sie bald lernen, den perfekten Drink für jede Gelegenheit zu mixen: um den Appetit anzuregen, einen Toast auszubringen, nach dem Essen die Verdauung zu fördern oder nach einer Nacht alkoholischer Experimente den Magen ins Gleichgewicht zu bringen – und langweilig wird es Ihnen dabei bestimmt nicht!

Oft wird behauptet, Hollywood übe einen zu großen Einfluss aus. Wir geben offen zu, dass wir uns von dem unvergleichlichen Stil der goldenen Ära Hollywoods haben leiten lassen, fasziniert von der Eleganz, mit der die Matinée-Idole ihre Drinks schlürften. Wir hoffen, Ihnen macht das Zubereiten und Probieren Ihrer eigenen Hollywood-Cocktails ebenso viel Spaß wie uns die Arbeit an diesem Buch.

# COCKTAILETIKETTE



## DER RICHTIGE RAHMEN

Hollywood-Cocktails umgibt ein Hauch von Glamour. Man braucht sich nur die Filme anzusehen: Stars wie David Niven oder Gregory Peck mit ihrem umwerfenden weltmännischen Flair, oder Lauren Bacall und Audrey Hepburn, geschmückt mit Handschuhen und Hut oder zumindest einer Federboa.

Sie können der beste Cocktailmixer der Welt sein, aber wenn Ihre Kreationen zwischen Tellern und Töpfen in einer unaufgeräumten Küche entstehen, womöglich mit röhrender Rockmusik im Hintergrund, sollten Sie sich lieber einen Instantkaffee machen. Der vollkommene Genuss erfordert den richtigen Rahmen: dezente Musik (Jazz zum Beispiel), gedämpfte Beleuchtung und ein Sofa, auf dem sich keine alten Zeitungen breit gemacht haben.

Auch das Outfit gehört dazu. Heutzutage muss es kein weißes Dinnerjacket mehr sein, aber ein frisch gebügeltes Hemd ist durchaus angebracht. Den Damen bietet sich zum Cocktail die Gelegenheit, ihr kleines Schwarzes auszuführen und sich mit einem Hauch ihres kostbarsten Parfums zu umgeben. Denken Sie etwa an Audrey Hepburn in *Frühstück bei Tiffany*...

## DIE RICHTIGEN UTENSILIEN ...

Sie benötigen keinen Cocktailschrank, um Ihre Cocktails mit Stil und Esprit zu präsentieren. Ein schwarzes Lacktablett, eine kleine Auswahl verschiedener Gläser (ein klassisches Martiniglas und ein Highballglas) und ein Cock-

tailshaker – damit wäre schon für das Wichtigste gesorgt. Shaker gibt es in verschiedenen Ausführungen; ich bevorzuge den Boston Shaker: halb Edelstahl, halb Glas. Für den letzten Schliff sorgt ein Barlöffel – von der Größe eines Teelöffels, aber mit langem Stiel für gleichmäßiges, leichtes Rühren.





## ... UND ZUTATEN

Wenn Sie einen tadellosen Hollywood-Style-Cocktail mixen wollen, sollten Sie zu hochwertigen Zutaten greifen, vor allem bei Drinks wie dem Margarita oder Daiquiri, die für ein ausgewogenes Geschmacksverhältnis unbedingt frischen Limettensaft benötigen.

Wer seine Flaschen präsentieren möchte, macht mit bekannten Marken viel größeren Eindruck als mit Billigprodukten. Unverzichtbar sind Gin – probieren Sie Bombay Sapphire oder Tanqueray –, Wodka (russischer natürlich) und eine Flasche Vermouth. Nicht zu vergessen Angostura-Magenbitter. Exotische Ingredienzen wie Orgeatsirup (Sirup mit Mandelaroma) finden Sie in Fach- oder Feinkostgeschäften.

Manche Cocktailkenner rümpfen angesichts einer unpassenden Garnitur die Nase, und bei den Klassikern sollten Sie hier nichts falsch machen. Keinesfalls gehört ein Stück Stangensellerie in einen Wodka Martini, oder – umgekehrt – eine Olive in eine Bloody Mary. Bei neueren Cocktails dürfen Sie experimentieren, vorausgesetzt, die Garnitur passt zum Geschmack des Drinks. Aber Cocktails sollen Freude machen, und wenn Sie finden, in Ihren Drink gehört eine Wunderkerze – auch gut, sofern Sie sich nicht die Augenbrauen versengen!

## DIE RICHTIGE TECHNIK

Besonderes Vergnügen macht es, Hollywood-Cocktails vor den Gästen zuzubereiten; die werden aber nur beeindruckt sein, wenn es auf Anhieb klappt. Am besten, man beherrscht einen oder zwei Cocktails perfekt – üben Sie vorher, damit es aussieht, als würden Sie schon seit Jahren mixen.

Wenn Sie unsere Rezepte übernehmen, halten Sie sich zu Anfang an die Maßangaben. Ein Schuss entspricht 25 ml, ein doppelter Schuss 50 ml. Ein Spritzer entspricht... – nun ja, ein Spritzer ist eben ein Spritzer und ein kräftiger Spritzer ist etwa doppelt so viel (Barkeeper messen nie). Aber ändern Sie ruhig das Rezept, wenn Ihnen ein Cocktail zu süß oder zu stark erscheint.

Für echte Hollywood-Cocktails benötigen Sie viel Eis (Eis aus Mineralwasser schmeckt frischer als Eis aus Leitungswasser). Sie können die Gläser auch vor der Zubereitung eine Stunde im Kühlschrank kalt stellen.

Gerührt, geschüttelt oder „straight up"? Manche schwören auf geschüttelte Drinks, andere ziehen gerührte vor. Wählen Sie die Technik, die Ihnen am ehesten zusagt. Entscheidend ist, dass sich die Zutaten vermischen und der Drink kalt wird; dabei sollte man keine der beiden Techniken übertreiben. Schüttelt man einen Cocktail zu lange, büßt er an Geschmack ein und wird wässerig, beschränken Sie sich daher auf ein kurzes, energisches Schütteln. Das Rühren wiederum darf nicht zu heftig erfolgen, denn sonst brechen die Eiswürfel. Und wenn Ihr Gast den Martini „straight up", also ungerührt wünscht, sollten Sie das akzeptieren. Schließlich ist es Aufgabe des Cocktailmixers, seine Gäste zufrieden zu stellen.

# DIE COCKTAIL-STUNDE

*In den Hollywoodfilmen wurde die Cocktailstunde als Überleitung genutzt. Sie gab den Filmemachern Gelegenheit, im aktiven Geschehen innezuhalten und den Handlungsstrang fortzuspinnen. Sie war immer auch eine Zeit der Reflexion und Erfrischung. Der Komponist Cole Porter beschrieb sie sehr poetisch und verglich „Gin und Vermouth" mit einem Jungbrunnen.*

*Für viele war die Cocktailstunde auch die Zeit für den ersten Drink des Tages. Wie W.C. Fields vertraten aber andere die Auffassung, Zeit sei hier eine relative Größe. „Ich trinke nie etwas Härteres als Gin vor dem Frühstück", verkündete der Schauspieler. Wann immer sie auch beginnt, der Martini gilt nach wie vor als beliebtester Cocktail, als Teil des klassischen Hollywood.*

Mit dem Ursprung des Martinis verbindet man zwar meist die Namen der Vermouthfabrikanten Martini & Rossi, doch es dürfte Martini di Arma di Taggia, Barkeeper des Hotels Knickerbocker in New York, gewesen sein, der Ende des 19. Jahrhunderts den ersten „dry" Martini mixte. Dessen Zusammensetzung wird noch heute heiß diskutiert. Manche Barmixer schwören auf einen Schuss Vermouth, andere hauchen nur den Namen über das Glas.

# DRY MARTINI

**EIN PAAR WIE KATZ UND HUND (AFTER OFFICE HOURS, 1935)**

Als *Ein Paar wie Katz und Hund* mit Clark Gable und Constance Bennett in die Kinos kam, war der „Drei-Martini-Lunch" noch keineswegs fester Bestandteil des Pressemilieus, doch der Film mag durchaus dazu beigetragen haben, den Drink mit der Branche zu verbinden. In dieser Metro-Goldwyn-Mayer-Komödie spielt Gable – auch „König von Hollywood" genannt – den Reporter Jim Branch, der einen mysteriösen Mord aufzuklären versucht. Branch und die Klatschreporterin des Blattes, Sharon Norwood (Constance Bennett), trinken nach Dienstschluss einen Martini und planen dabei ihr weiteres Vorgehen.

TROCKENER VERMOUTH
50 ML GIN
1 GRÜNE OLIVE ODER
1 STREIFEN UNBEHANDELTE ZITRONENSCHALE

*Einige Tropfen Vermouth in ein mit Eis gefülltes Mixglas geben. Vorsichtig verrühren und die Flüssigkeit abgießen. Mehr Eis und den Gin hinzufügen und nochmals rühren. Sobald das Mixglas beschlagen ist, den Martini in ein vorgekühltes Martiniglas füllen. Mit der Olive oder Zitronenschale garnieren. Diesen Drink kann man auch auf Eis in einem Tumbler servieren.*

SHARON NORWOOD *„Warum haben Sie mich belogen?"*

JIM BRANCH *„Wenn Sie sehen könnten, was ich gerade sehe, wüßten Sie, warum."*

## ALLES ÜBER EVA (ALL ABOUT EVE, 1950)

Zwölf Oscar-Nominierungen und sechs Auszeichnungen, unter anderem für den besten Film, die beste Regie und das beste Drehbuch, gab es für diese clevere Story, die am Lack des Broadway kratzt und seine geheimen Intrigen aufdeckt. Bette Davis (unten) spielt die Broadway-Diva Margo Channing, die ihre „Verehrerin“ Eve Harrington (Ann Baxter) bei sich aufnimmt. Angesiedelt in der turbulenten New Yorker Theaterwelt, zeigt der Film, wie Eve das Leben und die Karriere des Stars manipuliert. „Schnallen Sie sich an, es wird eine stürmische Nacht“, warnt Margo gleich zu Beginn – eigentlich überflüssig, denn der Zuschauer bleibt ohnehin wie gefesselt bis zum Schluss sitzen.

Der Gibson ist im Grunde ein Martini. Tauschen Sie einfach die Olive gegen eine Perlzwiebel aus! Dieser Drink floss erstmals durch die Kehle einer Person mit Namen Gibson. Hauptanwärter für diese Rolle ist Charles Dana Gibson, Schöpfer des „Gibson Girl" (Amerikas erstes Glamourgirl, in Gestalt seiner Frau Irene). Daneben kommen noch andere Gibsons in Frage, von einem Botschaftsangehörigen bis hin zu Zwillingsschwestern aus Chicago.

# GIBSON

TROCKENER VERMOUTH (NOILLY PRAT)
50 ML GIN (ODER WODKA)
1 PERLZWIEBEL

*Ein Mixglas mit Eis füllen und einige Tropfen Vermouth darübergeben. 15 Sekunden rühren, bis das Eis mit Vermouth überzogen ist, und die Flüssigkeit abgießen. Das Mixglas mit Eis auffüllen, Gin hinzufügen und rühren, bis das Glas beschlagen und die Mischung gut gekühlt ist. In ein vorgekühltes Martiniglas oder auf Eis in einen Tumbler geben. Mit der Perlzwiebel garnieren.*

MARGO *„Ich gebe zu, dass ich schon bessere Tage gesehen habe, aber ich bin noch lange nicht für den Preis eines Cocktails zu haben."*

Tausende Barmixer haben auf der Suche nach dem ultimativen „dry" Martini ihre eigenen Versionen kreiert und serviert. In der Regel ergibt sich die Trockenheit aus dem Verhältnis von Gin und Vermouth: je mehr Gin, desto trockener das Resultat. In diesem Rezept wird der Gin durch Wodka ersetzt, was einen Wodka Martini oder „Wodkatini" ergibt. Diese Variante tauchte erstmals 1951 auf. Berühmt wurde sie durch James Bond.



# WODKA MARTINI

- TROCKENER VERMOUTH
- 50 ML WODKA
- 1 GRÜNE OLIVE ODER 1 STREIFEN UNBEHANDELTE ZITRONENSCHALE

*Einige Tropfen Vermouth in ein mit Eis gefülltes Mixglas geben, vorsichtig verrühren und die Flüssigkeit abgießen. Mehr Eis und den Wodka hinzufügen und abermals rühren. Wenn das Mixglas beschlagen ist, die Flüssigkeit vorsichtig in ein vorgekühltes Martiniglas füllen. Mit der Olive oder Zitronenschale garnieren. Dieser Drink kann auch auf Eis in einem Tumbler serviert werden.*

**MEIN MANN GOTTFRIED (MY MAN GODFREY, 1957)**

In diesem Remake der klassischen Warner-Brothers-Komödie gibt sich der illegale Einwanderer „Gottfried" (David Niven) als gewitzter Matrose aus. Auf der Suche nach etwas Essbarem lernt er Irene Bullock (June Allyson), eine junge Dame der feinen Gesellschaft, kennen. Gottfried wird Butler bei den Bullocks, einer vornehmen Familie, gesegnet mit besonders verzogenen Töchtern. Eine seiner vorrangigen Aufgaben besteht darin, tablettweise Martinis zu servieren, die dann meist gar nicht getrunken werden, weil besagte Töchter sich ständig streiten. So nimmt Gottfried – in Wirklichkeit ein österreichischer Graf – sich selbst der Drinks an, um der Hysterie im Hause Bullock zu entfliehen.

MANN AN DER BAR *„Sehen Sie sich mal diese verrückte Ziege an."*

MR. BULLOCK *„Das tue ich schon seit 30 Jahren. Das ist nämlich meine Frau."*

50 ML GIN
1 KRÄFTIGER SCHUSS
TROCKENER VERMOUTH
1 KLEINER SCHUSS SÜSSER
VERMOUTH

*Den Gin und beide Sorten Vermouth in ein mit Eis gefülltes Mixglas geben. Gut verrühren und in ein vorgekühltes Martiniglas gießen.*

# KNICKERBOCKER

Eine Mixtur aus Martinis, Eheleben und – wie im Falle des *Dünnen Mannes* – einem Sc Mord muss einfach zu Verwicklungen führen. Dieser Cocktail besteht aus etwa gleicher Gin und trockenem Vermouth und wird mit einem Spritzer süßem Vermouth abgerund Herkunft des Rezepts ist nicht bekannt, der Name dürfte aber auf das Knickerbocker H New York zurückgehen.

**MORDSACHE „DÜNNER MANN“ (THE THIN MAN, 1934)**

Nora und Nick (Myrna Loy und William Powell, oben) sind die Protagonisten des Films, der nach einem 1932 erschienenen Roman von Dashiell Hammett entstand. Sie begeisterten mit ihrer humorvollen Art der Verbrechensbekämpfung und ihrer treuen Hündin Asta. Mit vier Oscar-Nominierungen und fünf Fortsetzungen des Films konnte das trinkfeste Pärchen einen Riesenerfolg verbuchen. „Können Sie denn gar nichts über den Fall sagen?“, fragt ein Inspektor. „Doch“, brummt Nick. „Er lässt mir kaum noch Zeit zu trinken.“

NICK ZUM BARMANN *„Einen Manhattan mixt man immer im Foxtrott-Rhythmus, einen Bronx im Twostep-Rhythmus. Einen Dry Martini im Walzertempo.“*

Das besagte „It" bezieht sich auf süßen roten Vermouth. Puristen wären entsetzt, Vincent Price einen derartigen Drink mixen zu sehen, aber der rote Vermouth mit einem Schuss Orangensaft ergab einen etwas süßeren Cocktail, der vor allem bei den Damen ankam. Was den Namen betrifft, so wissen wir nur, dass man in Europa Anfang des 20. Jahrhunderts den Martini häufig als „Gin and It" bezeichnete.



# GIN AND IT

30 ML GIN

30 ML SÜSSER ROTER VERMOUTH

*Gin und Vermouth auf Eis in einem Mixglas sorgfältig verrühren. In ein vorgekühltes Martiniglas gießen und servieren.*

## LAURA (1944)

*Laura* ist ein hervorragend konstruierter Kriminalthriller mit geschickt angelegtem Spannungsverlauf. In einer New Yorker Wohnung wird die grausam zugerichtete, nicht mehr identifizierbare Leiche einer Frau gefunden. Die Polizei vermutet, dass es sich um die Wohnungseigentümerin, Laura Hunt, handelt, gespielt von Gene Tierney. Detective McPherson (Dana Andrews) ist zusehends von Lauras Leben fasziniert. Als die echte Laura von einem Aufenthalt auf dem Land zurückkehrt, wird aus McPhersons Interesse Liebe. Doch Laura steht nun unter Mordverdacht. Die glänzenden Darbietungen von Clifton Webb und Vincent Price (rechts) als Verdächtige Waldo Lydecker und Shelby Carpenter bringen den Film zu einem überzeugenden, wenngleich makaberen Ende.

SHELBY CARPENTER *„Auf meinem Charakter kann ich mir Flecken leisten, auf meinem Anzug nicht."*

50 ML GIN

ANGOSTURA

*Einige Tropfen Angostura in ein Martiniglas geben, schwenken und ausschütteln. Eis und Gin in das Glas geben, dann servieren. (Kann nach Belieben auch ohne Eis gereicht werden.)*

# PINK GIN

Jahrhundertelang war Gin traditioneller Bestandteil von Arzneikästen in der britischen Armee. Tatsächlich entstand der Gin Tonic bei dem Versuch, dem Malariamittel Chinin, das die Soldaten in Afrika und Indien bekamen, etwas von seinem bitteren Geschmack zu nehmen. Auf ähnliche Weise wurde angeblich der Pink Gin von britischen Matrosen erfunden: Sie mischten ihren Gin mit Angostura, einem medizinischen Kräuterauszug gegen Verdauungsstörungen. Allemal besser als ein Löffel Zucker...

## OPFER EINER GROSSEN LIEBE (DARK VICTORY, 1939)

Leider räumte *Vom Winde verweht* 1939 alle Oscars ab, sonst hätte wahrscheinlich Bette Davis (oben links) mit ihrer Darstellung der Judith Traherne, einer an Gehirntumor erkrankten Erbin, ihren dritten Award bekommen. Bette Davis' eindringliche Darbietung begeisterte das Publikum, das Warners zynische Bemerkung „Wer will schon sehen, wie eine blind wird?" widerlegte. Weitere Darsteller waren Ronald Reagan, Humphrey Bogart, George Brent (oben) und Geraldine Fitzgerald (oben Mitte) mit ihrem Debüt in Amerika.

JUDITH TRAHERNE *„Im Vertrauen gesagt, Schätzchen, das ist mehr als nur ein Kater."*

Das königliche Siegel Wilhelms von Oranien und seiner Frau, Königin Mary, machte Gin, den Wacholderschnaps, populär. 1650 wurde Gin (eine Abkürzung des Holländischen Genever) zu medizinischen Zwecken entwickelt, wahrscheinlich aber schon früher hergestellt. Die Bezeichnung „Dutch Courage" stammt von englischen Soldaten, die sich vor der Schlacht ein Gläschen mit ihren niederländischen Kameraden genehmigten.



# IMPERIAL

30 ML GIN
30 ML TROCKENER VERMOUTH
1 SPRITZER ANGOSTURA
1 SPRITZER MARASCHINO
1 GRÜNE OLIVE

*Alle flüssigen Zutaten auf Eis in einem Mixglas sorgfältig verrühren. In ein vorgekühltes Martiniglas abgießen und mit der Olive garnieren.*

JEFF HOLLAND *„Auf uns!"*
LINDA BRONSON *„Auf uns drei!"*
SKY AMES *„Mein bester Kumpel, mein bestes Mädchen!"*

## REMEMBER? (1939)

Die Dreieckskomödie *Remember?* war Greer Garsons zweiter Film und der erste, in dem sie, neben Robert Taylor und Lew Ayres, eine Hauptrolle hatte. Ayres spielt den Pharmazeuten Sky Ames (unten rechts), der mit Linda Bronson (Garson, unten) verlobt ist. Als er sie Jeff Holland (Taylor, unten links) vorstellt, verlieben sich die zwei, führen aber eine unglückliche Ehe und lassen sich scheiden. Einer von Skys Kollegen entwickelt ein Mittel, das Amnesie hervorruft. Sky verabreicht es den beiden. Doch es wirkt anders, als er es sich wünscht: Jeff und Linda vergessen ihr problematisches Verhältnis – um sich abermals ineinander zu verlieben und noch einmal von vorne zu beginnen!

1 STÜCK WEISSER WÜRFELZUCKER

ANGOSTURA

25 ML COGNAC

TROCKENER CHAMPAGNER

*Den Würfelzucker mit Angostura tränken und in einen Champagnerkelch geben. Den Cognac hinzufügen und vorsichtig mit Champagner aufgießen.*

# CHAMPAGNER COCKTAIL

Der Champagner Cocktail entstand wahrscheinlich in den Südstaaten und diente vielen Leinwandgrößen bei Verführungsszenen als wichtiges und elegantes Requisit. Trockenh ist oberstes Gebot, Champagner brut daher ein Muss. Dieser Cocktail kommt nie aus d Mode und ist nach wie vor ein Klassiker – genauso wie Casablanca.

## CASABLANCA (1942)

Eine bunte Mixtur aus Flüchtlingen ging im Café Americain in Casablanca ein und aus. Durch ihre Kehlen flossen unzählige Cocktails, stets serviert von Carl, dem Oberkellner (SZ Sakall), während im Hintergrund meist der treue Sam (Dooley Wilson, oben links) Klavier spielte. Rick Blaine, dargestellt von Humphrey Bogart (oben), raunte einige der berühmtesten Sätze der Filmgeschichte, als er sich vom vermeintlichen Zyniker zum selbstlosen Helfer Victor Laszlos wandelte. Sein unvergessenes »Uns bleibt immer Paris« erinnert an glücklichere, unbeschwerte Tage, als er mit Ilsa Lund, dargestellt von Ingrid Bergmann, und Sam im La Belle Aurore in Paris Champagner trank (oben).

RICK BLAINE *„Ich schau dir in die Augen, Kleines."*

Im Kir Royal, den man gerne bei Empfängen, Soirees oder auch zur Cocktailstunde kredenzt, ist der Johannisbeerlikör Crème de Cassis mit Champagner zu einem samtenen Geschmackserlebnis vereint. Das in Frankreich erfundene Getränk wurde nach dem Stiftsherrn Felix Kir benannt. Ursprünglich mixte man den Drink mit trockenem Weißwein. „Königlich" wird er allerdings erst mit Champagner brut.



# KIR ROYAL

**DIE NACHT VOR DER HOCHZEIT (THE PHILADELPHIA STORY, 1940)**

**Wer glaubt, lästige Paparazzi seien ein Phänomen unserer Tage, hat noch nie *Die Nacht vor der Hochzeit* gesehen, nach einem Stück von Philip Barry aus dem Jahr 1939. Katharine Hepburn (links) spielt die eigenwillige Tracy Lord, eine geschiedene junge Dame der feinen Gesellschaft an der Ostküste, die ihre zweite Heirat plant. Macauley Connor (James Stewart, links) und Elizabeth Imbrie (Ruth Hussey) sind von einem Klatschblatt beauftragt, über die Hochzeit zu berichten. Hinzu kommt Cary Grant als Tracys reizender Ex-Ehemann CK Dexter Haven. Geistreiche Dialoge sprudeln in dieser klassischen Komödie wie Champagner. 1956 erschien mit dem Musical *High Society* ein Remake, das aber nicht das Niveau seines Vorgängers erreichte.**

10 ML CRÈME DE CASSIS

TROCKENER CHAMPAGNER

*Die Crème de Cassis in einen Champagnerkelch geben und langsam mit dem gekühlten Champagner auffüllen.*

*Für die Originalversion wird der Champagner durch trockenen Weißwein ersetzt.*

MACAULEY CONNOR ZU TRACY LORD

*„Whisky ist wie ein Klaps auf den Rücken, Champagner verschleiert meinen Blick."*

## EVERY DAY'S A HOLIDAY (1937)

Mae West in der Rolle der extravaganten, frivolen Peaches O'Day (oben), einer Schwindlerin im Big Apple des ausgehenden 19. Jahrhunderts. Sie verkauft die Brooklyn Bridge, wird von der New Yorker Polizei aus der Stadt gejagt und gibt sich als „französische" Revuesängerin Fifi aus. Charles Butterworth glänzt hier als Larmadou Graves (oben, ganz links), unvergessen mit dem geistreichen Spruch: „Raus aus den nassen Sachen und rein in einen trockenen Martini". Ferner wirken mit: Walter Catlett als Nifty Bailey (oben, zweiter von links) und Charles Winninger als Van Reighle Van Pelter Van Doon (ganz rechts) sowie, wenn auch nur kurz, Louis Armstrong. Mae West hatte hier einen ihrer stärksten Auftritte – allerdings ihren letzten für Paramount.

FRISCHER PFIRSICHSAFT

TROCKENER CHAMPAGNER

*Für diesen Cocktail müssen die Zutaten eiskalt sein. Einen Champagnerkelch zur Hälfte mit Pfirsichsaft füllen, mit Champagner auffüllen und verrühren. Kalt servieren.*

# BELLINI

Der Bellini ist wie geschaffen für Peaches O'Day. Diese köstliche Verbindung aus Champagner und Pfirsichpüree kreierte Guiseppe Cipriani in Harry's Bar in Venedig zu Beginn der 40er Jahre. Als Inspiration dienten die leuchtenden Rosatöne in den Bildern des italienischen Malers Giovanni Bellini aus dem 15. Jahrhundert.

PEACHES O'DAY *„Wichtig sind nicht die Männer in meinem Leben, sondern das Leben in meinen Männern."*

# BACARDI COCKTAIL

Ein Barkeeper, der für diesen Drink keinen Bacardi Rum verwendet, kann sich einigen Ärger einhandeln. Die Firma Bacardi wurde1862 in Santiago, Cuba, von Don Facundo Bacardi gegründet und produziert den weltweit meist verkauften Rum. 1936 gewann Bacardi in New York einen Prozess, in dem die Verwendung seines Markennamens für diesen Cocktail geschützt wurde.

50 ML WEISSER BACARDI RUM
1 TL GRENADINESIRUP
1 KLEINER SPRITZER FRISCHER LIMETTEN- ODER ZITRONENSAFT

*Die Zutaten in einen Cocktailshaker geben. Kurz und kräftig schütteln und in ein vorgekühltes Martiniglas gießen.*

# CAMPARI COCKTAIL

Um 1860 entwickelte Caspare Campari in Mailand einen herbsüßen Aperitif. Kenner lieben die Spirituose mit dem Aroma gemischter Kräuter und Zitrusfrüchte. Der Campari ist Grundlage bekannter Cocktails wie Americano und Negroni und wird gerne am frühen Nachmittag auf Eis mit einem Schuss Soda genossen.

*Die Zutaten in einem mit Eis gefüllten Cocktailshaker kurz und kräftig schütteln. In ein vorgekühltes Martiniglas gießen.*

40 ML WODKA
50 ML CAMPARI
1 SPRITZER ANGOSTURA

40 ML DUBONNET
20 ML GIN
1 STREIFEN ORANGENSCHALE

*Die flüssigen Zutaten in ein mit Eis gefülltes Mixglas geben. Verrühren und in ein vorgekühltes Martiniglas gießen. Mit der Orangenschale garnieren.*

# DUBONNET COCKTAIL



Der Dubonnet, ein Vermouth mit dem Aroma von Chinin und Bitterrinde, stammt ursprünglich aus Frankreich. Er ist wesentlich süßer als Campari, sogar süßer als roter Vermouth, und wird heute in roten und weißen Sorten hergestellt. Dieser Cocktail, für den in unserer Version der originale, aromatische rote Dubonnet vorgesehen ist, gilt als klassischer Aperitif.

*Die Zutaten auf Eis in einem Mixglas sorgfältig verrühren und in ein vorgekühltes Martiniglas gießen.*

60 ML TROCKENER ODER SÜSSER VERMOUTH
1 SPRITZER ANGOSTURA

# VERMOUTH COCKTAIL

Vermouth ist der Oberbegriff für Weißweine, die mit Kräutern, Weinbrand, Zucker und Wasser angereichert sind und ursprünglich als medizinische Stärkungsweine gedacht waren. Ein wichtiger Bestandteil ist Wermut-Aroma, aber die genaue Zusammensetzung ihrer Rezepturen halten alle Vermouthfabrikanten streng geheim. Zu den bekanntesten Marken zählen Martini & Rossi, Cinzano, Noilly Prat und Punt e Mes.

# APERITIFS UND DIGESTIFS

*Der Martini gilt als der klassische Cocktail schlechthin, doch ist mit ihm das Kapitel Cocktails längst nicht abgeschlossen. Manche genießen vor allem die große Auswahl. Kurz, lang, pur oder auf Eis – es gibt so viele verschiedene Cocktails wie Filme.*

*So kommt vor dem Abendessen der Aperitif, der wie eine Kinovorschau Lust auf das Hauptereignis machen soll. Nach dem letzten Gang ist es Zeit für den Digestif – sozusagen den Abspann, der das Ganze abrundet.*

*Heute trinkt man in der Regel, was man will und wann man will. Kinofans wissen jedoch, dass die Magie eines Films in dessen Gesamterfahrung beruht. Um einen Cocktail in vollen Zügen zu genießen, sollte man daher Zeit und Ort mit Bedacht wählen, sozusagen auf ein Gesamtkunstwerk aus sein.*

50 ML RYE WHISKEY
12,5 ML SÜSSER VERMOUTH
12,5 ML TROCKENER VERMOUTH
ORANGEN-MAGENBITTER
1 STREIFEN ORANGENSCHALE
1 MARASCHINOKIRSCHE

*Den Whiskey, beide Sorten Vermouth und etwas Magenbitter in ein mit Eis gefülltes Mixglas geben. Sorgfältig verrühren, bis das Glas beschlagen ist. In ein vorgekühltes Martiniglas gießen und mit der Maraschinokirsche und Orangenschale garnieren.*

# MANHATTAN

Nach dem Martini avancierte der Manhattan – benannt nach New Yorks Manhattan Club – zum beliebtesten amerikanischen Aperitif und wurde Grundlage für viele andere Cocktails. Statt Gin spielt Whiskey hier die Hauptrolle. Die Rezeptur soll auf Anregung von Lady Randolph Churchill, der Mutter Winston Churchills, entstanden sein.

## MURDER AT THE VANITIES (1934)

Earl Carrolls Vanities inszenierten wie die Follies von Ziegfeld in den 20er Jahren eine aufwendige Broadway-Revue. *Murder at the Vanities* ist eine Krimikomödie in Form eines Musicals, von Earl Carroll und Krimiautor Rufus King verfasst. Während Rita Ross (gespielt von Gertrude Michael) ihr Lied „Sweet Marijuana" vorträgt, wird auf dem Schnürboden die Leiche einer Frau gefunden. Der Verdacht fällt auf das Bühnenpersonal. Es ist an Inspektor Bill Murdock (Victor McLaglen), Klarheit in das blutige Schauspiel zu bringen. Für den musikalischen Rahmen sorgen Duke Ellington und sein Orchester. Dieser Film gab den Anstoß zu dem Schluckspecht-Klassiker „Cocktails for Two".

BILL MURDOCK *„Kostümwechsel! Statt Kimono Holz. Sie ist tot."*

Die einfachste Variante des Manhattan ist der Rob Roy, für den man Scotch anstelle von Canadian Club, Bourbon oder Rye verwendet. Der Drink erhielt seinen Namen von dem schottischen Volkshelden Rob Roy und schmeckt das ganze Jahr über, besonders gut aber wohl zu traditionellen schottischen Festen wie Burns' Night (25. Januar) oder St. Andrew's Day (30. November).



# ROB ROY

50 ML SCOTCH WHISKY
40 ML SÜSSER VERMOUTH
4 TROPFEN ANGOSTURA
1 STREIFEN ORANGENSCHALE
1 MARASCHINOKIRSCHE

*Whisky, Vermouth und Angostura in ein mit Eis gefülltes Mixglas geben. Sorgfältig verrühren, bis das Glas beschlagen ist, dann in ein vorgekühltes Martiniglas gießen. Mit der Maraschinokirsche und der Orangenschale garnieren.*

**ANGELS OVER BROADWAY (1940)**

**Nachdem er bei einer Unterschlagung erwischt wurde, schleppt sich Charles Engel (John Qualen) in das Café Aladdin, um sich zu betrinken. Zu ihm gesellt sich der elegante, doch niederträchtige Ganove Bill O'Brien (Douglas Fairbanks Jr., rechts). Er hält Engel fälschlicherweise für einen Millionär und plant seinerseits einen kleinen Betrug. Inzwischen wittert das Chorgirl Nina Barona (Rita Hayworth, rechts) eine Chance, durch Engel ihre Karriere zu fördern. Thomas Mitchell spielt Gene Gibbons, einen trunksüchtigen Stückeschreiber. Er liefert die besten Sätze im Film. Gibbons entdeckt Engels Selbstmordbrief und heckt zusammen mit O'Brien und Barona einen Plan aus, um den Unglücklichen zu retten. Eine wohlbestückte Bar trägt nicht unwesentlich zum Gelingen des Unternehmens bei.**

NINA BARONA *„Du bist betrunken."*

GIBBONS *„Du unterschätzt die Lage um drei Flaschen und um tausend Tränen."*

Das Wort Whisky leitet sich von dem gälischen Ausdruck *uisge beatha* ab, was „Wasser des Lebens" bedeutet. Sie sollten Ihre Bar mit mehreren Sorten Scotch und Canadian ausrüsten, aber auch die amerikanischen und irischen Versionen nicht vergessen. Wie bei einem guten Film hängt die Qualität eines Whiskys – ob mit oder ohne „e" – von diversen Aspekten ab. Single Malts können mit ihrer starken Bühnenpräsenz alleine bestehen, Blends hingegen bedürfen der Unterstützung einiger Nebendarsteller.



# ... SCOTCH MIST

**TOTE SCHLAFEN FEST (THE BIG SLEEP, 1946)**

**In *Tote schlafen fest* traten Humphrey Bogart und Lauren Bacall (als Philip Marlowe und Vivian Sternwood, links) zum ersten Mal nach ihrer Heirat gemeinsam vor die Kamera. Das Drehbuch basiert auf dem Roman von Raymond Chandler und stammt von seinem Kollegen William Faulkner. Unter der Regie von Howard Hawks gelang ein meisterhafter Thriller um die zwei verwöhnten Töchter eines pensionierten Generals. Alkohol und Glücksspiel treiben die beiden in die Hände skrupelloser Erpresser. Philip Marlowe soll es richten und ist bald darauf mit Mord und Gewalt konfrontiert. Aber er ist ja bekanntlich hart im Einstecken.**

50 ML SCOTCH WHISKY
ZERSTOSSENES EIS
1 STREIFEN ZITRONENSCHALE

*Den Whisky in einen mit Eis gefüllten Cocktailshaker geben. Kurz und kräftig schütteln und in ein kleines Weinglas mit zerstoßenem Eis gießen. Mit der Zitronenschale garnieren.*

PHILIP MARLOWE *„Sie hat versucht, sich auf meinen Schoß zu setzen, während ich vor ihr stand."*

40 ML SCOTCH WHISKY
40 ML STONE'S GREEN INGWERWEIN

*Whisky und Ingwerwein in einen Tumbler auf Eis geben. Verrühren und servieren.*

# WHISKY MAC

„Gib' mir 'nen Whisky, dazu 'n Ginger Ale, und geiz' nicht 'rum, Baby." So salopp und mit herrlichem Akzent orderte Greta Garbo einen der ersten Drinks im Tonfilm. Mit etwas Erfindungsgabe wurde aus dieser Highball-Andeutung ein Whisky Mac, in dem Ingwerwein das Ginger Ale ersetzt.

ANNA CHRISTIE (1930)

In ihrem ersten Tonfilm betörte die Stummfilmdiva Greta Garbo das amerikanische Publikum mit ihrem Akzent und erhielt eine Oscar-Nominierung in der Kategorie Beste Schauspielerin. Der Film, nach einem Stück von Eugene O'Neill, ist ein Remake der stummen Version von 1923. Die Garbo spielt Anna Christie (oben), ein Mädchen mit geheimnisvoller Vergangenheit, das sich in den irischen Matrosen Matt Burke verliebt. Matt, den Anna und ihr Vater Chris Christopherson (George F. Marion) aus Seenot retteten, wird brillant von Charles Bickford verkörpert. Die Reibereien zwischen Matt und Annas Vater können erst beigelegt werden, als Anna ihr Geheimnis preisgibt.

Die Garbo spricht!

Nach einigen gehaltvollen Rusty Nails – „Rostigen Nägeln" – ist eine Tetanus-Spritze nicht mehr das geeignete Gegenmittel (siehe S. 113, Corpse Reviver). Dieser Cocktail wurde nach dem Zweiten Weltkrieg erfunden. Die Zugabe des süßen, dunkelbraunen Drambuie dämpft den Kick, den der Scotch verabreicht, und verleiht dem Drink seinen charakteristischen rostbraunen Schimmer.



# RUSTY NAIL

**50 ML SCOTCH WHISKY**

**25 ML DRAMBUIE**

*Whisky und Drambuie in ein mit Eis gefülltes Mixglas geben. Sorgfältig verrühren und zum Servieren in einen Tumbler gießen.*

DON BIRMAN *„Die meisten Männer führen ein Leben in stiller Verzweiflung. Ich hasse stille Verzweiflung."*

## DAS VERLORENE WOCHENENDE (THE LOST WEEKEND, 1945)

Die eindringliche Geschichte des alkoholkranken Schriftstellers Don Birman (hervorragend gespielt von Ray Milland, unten) war bahnbrechend. Die Auszeichnungen für den besten Film, die beste Regie, den besten Hauptdarsteller und das beste Drehbuch widerlegten die Kritiker des Films und gaben Paramounts Entscheidung, ihn vorzuführen, Recht. Billy Wilders Regie fängt die Abhängigkeit und die Demütigungen ein, die Alkoholiker auf ihrer Flucht vor der Nüchternheit ertragen müssen. Weitere Mitwirkende sind Jane Wyman als Helen St. James (unten), Philip Terry als Dons Bruder Nick und Howard de Silva als Barkeeper.

## PAL JOEY (1957)

*Pal Joey* ist die gelungene Kinoversion eines Broadway-Hits von 1950. Frank Sinatra überzeugt als arroganter Sänger Joey Evans (oben). Er ist Conférencier in einem zwielichtigen Nachtclub in San Francisco, wo er die Besitzerin Vera Simpson (Rita Hayworth, oben) überredet, ihre Vergangenheit als Stripteasetänzerin zu offenbaren und für ihn zu tanzen. Die beiden werden ein Paar. Sie kauft Joey einen Nachtclub, und er verliebt sich alsbald in seine Angestellte Linda English (Kim Novak), doch er und Vera finden wieder zusammen. Die Musik zum Film stammt von Rodgers and Hart; die besonders gelungene Version von „The Lady is a Tramp" singt natürlich Ol' Blue Eyes persönlich.

JOEY EVANS *„Warum machen Sie sich's nicht gemütlich, und ich gebe Ihnen etwas zum Besten?"*

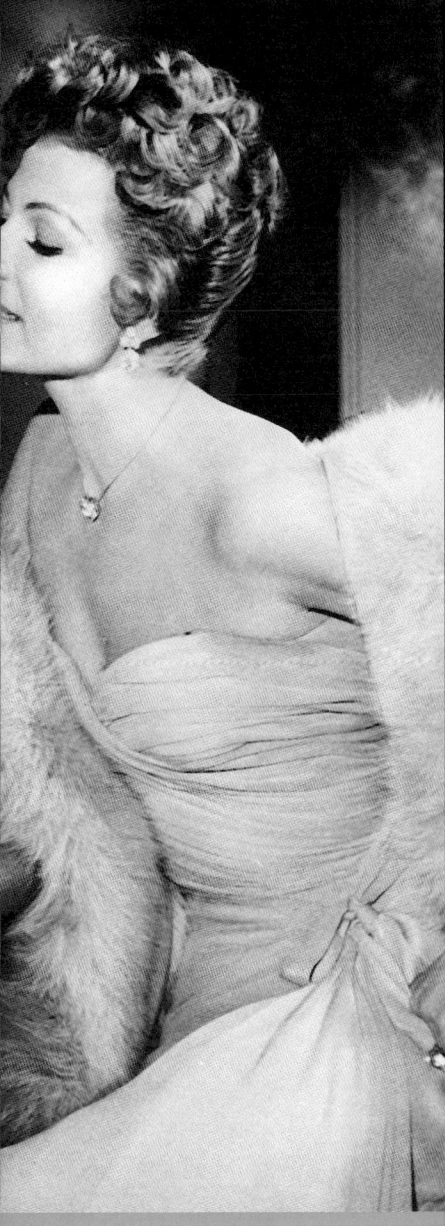

50 ML SCOTCH WHISKY
1 SCHUSS KOCHEND HEISSES WASSER
1 TL PUDERZUCKER
1 STREIFEN ZITRONENSCHALE

*Hier heißt es aufpassen! Den Scotch in einen von zwei versilberten Krügen (mit Henkeln) geben; das kochend heiße Wasser in den anderen gießen. Den Whisky entzünden langsam in den anderen Krug gießen. Vier oder fünf Mal vorsichtig hin- und hergießen, die Flamme soll dabei von einem Krug zum andern wandern. Dann in einen Tumbler geben. Den Zucker hinzufügen und mit der Zitronenschale garnieren.*

# BLUE BLAZER

Ol' Blue Eyes konnte das Herz fast jeder Frau entflammen, aber ob er wohl einen Blue Blazer mixen konnte? Dieser Drink, der einige Übung erfordert, wurde Ende des 19. Jahrhunderts von Professor Jerry Thomas kreiert, dem Schöpfer vieler berühmter Cocktails. Ein Holzschnitt im Savoy Cocktail Book (entstanden 1930) zeigt den Erfinder beim Mixen eines Blazers im Hotel Metropolitan in New York.

Das Cocktailmixen ist tatsächlich eine Kunst. Sollten Sie sich jemals fragen, was Ihnen der Barkeeper eigentlich ins Glas kippt – ein Schicksal, das Frank Bigelow in DOA ereilt –, dann halten Sie sich an die einfacheren Rezepturen. Der Highball ist schnell zubereitet; außerdem löscht er den Durst. Oder Sie kombinieren eine andere Spirituose mit etwas zum Verlängern – Gin und Tonic, Scotch und Soda – und genießen einfach!

# BOURBON HIGHBALL

## DOA (DEAD ON ARRIVAL, 1950)

In einer der weniger feinen Kneipen von Los Angeles mischt man Frank Bigelow (Edmond O'Brien, oben) etwas Toxischeres als Alkohol in den Cocktail. Die später tödlichen Folgen werden beim Arzt offenbar, der eine niederschmetternde Diagnose stellt. „Ich muss natürlich die Polizei benachrichtigen", sagt Dr. MacDonald. „Hier handelt es sich um Totschlag." „Totschlag?", erwidert Bigelow. Der Doktor ist schonungslos: „Ich glaube, Sie verstehen nicht ganz, Bigelow. Man hat Sie ermordet." Bigelow bleiben drei Tage, in denen er San Francisco und Los Angeles auf der Suche nach seinem Mörder durchkämmt. Ein Film mit genialem Plot und einer Hauptrolle, für die so mancher Schauspieler sein Leben gäbe.

50 ML BOURBON
GINGER ALE
1 STÜCK SPIRALENFÖRMIGE ZITRONENSCHALE

*Den Bourbon in ein mit Eis gefülltes Highballglas geben, mit Ginger Ale auffüllen und mit der Zitronenspirale garnieren.*

FRAU IN DER BAR *Geben Sie dem Mann was zu trinken, ehe er vor Durst umkommt."*

1 STÜCK WEISSER WÜRFELZUCKER

50 ML BOURBON

1 SPRITZER ORANGEN-MAGENBITTER

1 STREIFEN ORANGENSCHALE

*Den Würfelzucker in einen Tumbler geben und den Bourbon hinzufügen. Zucker und Bourbon mit dem Barlöffel verrühren, dabei Eis hinzufügen und weiterrühren, bis sich der Zucker gelöst hat. Einen Spritzer Orangen-Magenbitter dazugeben und mit der Orangenschale garnieren.*

# OLD FASHIONED

Der Film *Reise aus der Vergangenheit*, ein analytischer Abstecher in die Psyche der Cha lotte Vale, war bei seiner Entstehung in den 40er Jahren alles andere als altmodisch. Eine komplexe Persönlichkeit zeichnet auch den Old Fashioned aus, 1900 von einem gewissen Colonel Pepper aus Kentucky erfunden: das Feuer des Bourbon kombiniert mit dem fruchtigen Aroma der Orange.

## REISE AUS DER VERGANGENHEIT (NOW, VOYAGER, 1942)

In *Reise aus der Vergangenheit*, entstanden nach dem Bestseller von Olive Higgins Prouty, spielt Bette Davis die unglückliche alte Jungfer Charlotte Vale (oben), die unter der Tyrannei ihrer dominanten Mutter leidet (später sollte Davis' eigene Tochter ihr denselben Vorwurf machen). Die psychiatrische Behandlung durch Dr. Jaquith (Claude Rains) führt eine erstaunliche Wandlung herbei und macht aus Charlotte eine bezaubernde, moderne junge Frau. Sie verliebt sich in Jerry Durrance (Paul Henreid, oben), der ihre Gefühle erwidert. Da er jedoch verheiratet ist, bleibt den beiden nur ihre platonische Beziehung.

CHARLOTTE VALE *„Ach Jerry, lass' uns nicht nach dem Mond suchen. Wir haben die Sterne."*

Der Sazerac, ein Produkt der Bayou-Kultur von New Orleans, Louisiana, ist sich im Laufe seiner Entwicklung mehrmals untreu geworden. Er wurde Mitte des 19. Jahrhunderts erfunden und bestand ursprünglich aus Cognac und Absinth, wird aber heute, in echter Südstaaten-Manier, mit Bourbon als Basisschnaps gemixt. Was den Absinth angeht, müssen Sie wohl auf Pernod zurückgreifen. Sicherer ist das allemal!



# SAZERAC

- 1 SPRITZER PERNOD
- PEYCHAUD-MAGENBITTER
- 1 STÜCK WÜRFELZUCKER
- 1 KLEINER SCHUSS SODA
- 50 ML BOURBON (ODER RYE WHISKEY)
- 1 STREIFEN SPIRALENFÖRMIGE ZITRONENSCHALE

*Eiswürfel in einen Tumbler geben und einen Spritzer Pernod hinzufügen; Pernod und Eis im Glas schwenken und anschließend wegschütten. Den mit Peychaud getränkten Würfelzucker in das Glas geben und mit einem Schuss Soda verrühren. Wenn der Zucker gelöst ist, das Glas mit Eiswürfeln und Bourbon auffüllen. Mit der Zitronenspirale garnieren.*

JACK WHEELER *„Würden sich die amerikanischen Frauen nicht so ausführlich mit Unterhaltszahlungen befassen, wären die Amerikaner wohl die untreuesten Ehemänner."*

## DIE KRONE DES LEBENS (BELOVED INFIDEL, 1959)

Wenn ein Schriftsteller in einem Hollywoodstreifen auftaucht, kann man davon ausgehen, dass Alkohol mitspielt. Der Film beschreibt die letzten Jahre von F. Scott Fitzgerald (gespielt von Gregory Peck). Fitzgerald arbeitete in dieser Zeit in Hollywood, um die Behandlung seiner kranken Frau zu finanzieren, und begann ein Verhältnis mit der britischen Klatschreporterin Sheilah Graham (Deborah Kerr, unten, mit Philip Ober als Zeitungsherausgeber Jack Wheeler). Seine Probleme bei der Arbeit drückte ein Studio-Boss so aus: „Deine Prosa ist wunderschön, Scott, aber wir können keine Aufnahmen von Adjektiven machen."

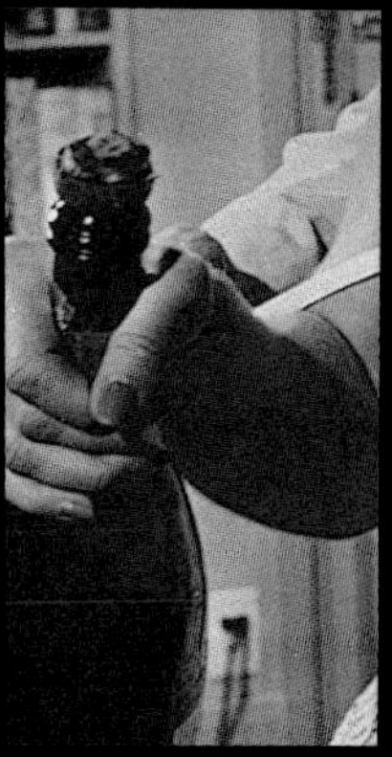

„Haben Sie je probiert, Kartoffelchips in Sekt zu tunken?", fragt Marilyn Monroe Tom Ewell in *Das verflixte siebte Jahr*. Das hat er nicht, gesteht jedoch seiner Sekretärin gegenüber ein: „Ich bin durchaus imstande, mir mein Frühstück selbst zu richten. Ich hatte zwei Peanutbutter-Sandwiches und zwei Whiskey Sours." (In der deutschen Synchronisation leider zu „zwei Joghurts" verfälscht.) „Sour" wird der Whiskey durch die halbe Zitrone.





# WHISKEY SOUR

**DAS VERFLIXTE SIEBTE JAHR (THE SEVEN-YEAR ITCH, 1955)**

Mit diesem Werk, das so gar nichts mit seinem *film noir* „Das verlorene Wochenende" gemein hat, widmete sich Billy Wilder der komödiantischen Seite Hollywoods. Der Verlagsmanager Richard Shermann (Tom Ewell, links) leidet unter seinem unspektakulären Eheleben und an einer übersteigerten Einbildungskraft. Als eine umwerfende Blondine in Gestalt von Marilyn Monroe (links, als „Das Mädchen") in sein Leben schneit, kommt es zu chaotischen Einlagen. Bei einem seiner Höhenflüge gelingt ihm eine Parodie der Strand-Liebesszene aus *Verdammt in alle Ewigkeit*. Ewell und die Monroe bringen hier so manchen Cocktail zustande, und darüber hinaus noch ein paar andere Dinge.

- 40 ML FRISCH GEPRESSTER ZITRONENSAFT
- 1 EIWEISS
- 50 ML BOURBON (ODER RYE WHISKEY)
- ZUCKERSIRUP
- 2 SPRITZER ANGOSTURA
- 1 KIRSCHE MIT STIEL

*Zitronensaft zu einem großen Klecks Eiweiß geben und diese Mischung mit dem Whiskey, etwas Zuckersirup und zwei Spritzern Angostura verrühren. Mit Eis in einem Cocktailshaker kräftig schütteln und in einen Tumbler gießen. Mit der Kirsche garnieren.*

RICHARD SHERMAN *„Gin und Vermouth, das heißt Martini."*

DAS MÄDCHEN *„Oh, das hört sich schön kühl an. Ich möchte soooo ein Glas voll!"*

RICHARD SHERMAN *„Also einen halben Liter Martini."*

## OUR MODERN MAIDENS (1929)

In ihrem letzten Stummfilm traf Joan Crawford genau ins Schwarze, als sie ihre Freundinnen anwies: „Wartet, bis ihr das Weiße in den Augen seht - dann zielt aufs Herz!" Der Film war modern – die wendigen Damen der wilden Zwanziger machten keine Gefangenen. Crawford spielt Billie Brown, die Erbin eines kleinen Vermögens, die mit Gil (Douglas Fairbanks Jr., den Crawford im wirklichen Leben heiraten sollte) verlobt ist. Da taucht der junge Diplomat Glen Abbott auf, dargestellt von dem Stummfilmstar Rod la Rocque, und Billie vergisst auf der Stelle ihre Boyfriends. Auf einem der Filmplakate stand: „Sie hatte so viele Jungs, wie sie wollte, aber dann traf sie einen Mann."

*Das Essen ist eingeschenkt!*

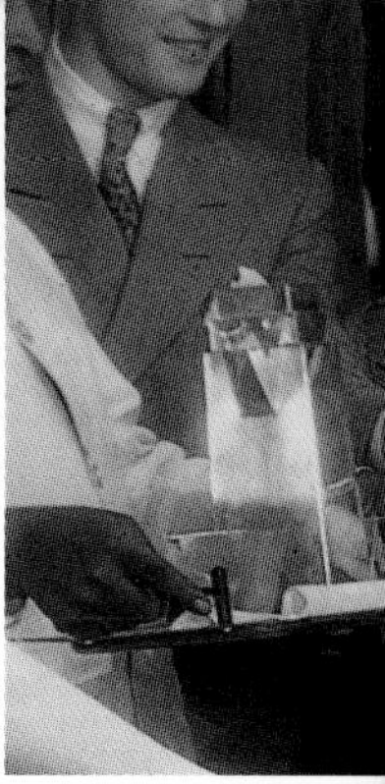



40 ML WEINBRAND
20 ML COINTREAU
20 ML FRISCH GEPRESSTER ZITRONENSAFT

*Die Zutaten in einen mit Eis gefüllten Cocktailshaker geben. Kurz und kräftig schütteln und in ein Martiniglas mit gezuckertem Rand gießen.*

# SIDECAR

Wenn Sie Sours mögen, schmeckt Ihnen der Sidecar bestimmt. Harry MacElhone, aus Harry's New York Bar in „Sank Roe Doe Noo" (5 rue Daunou) in Paris, soll ihn 1931 erfunden haben. Allerdings erschien ein Sidecar-Rezept auch schon in Harry Craddocks Savoy Cocktail Book von 1930. Harry MacElhone verwendete Cointreau, Cognac und Zitronensaft zu gleichen Teilen; Harry Craddock nahm die doppelte Menge Weinbrand.

Die White Lady sieht aus wie ein Sidecar mit Gin (anstelle des Weinbrands) und Eiweiß, und das ist sie wohl auch. Während aber die Frage nach dem Erfinder des Sidecars offen bleibt, steht fest, dass Harry MacElhone die White Lady 1919 in Ciro's Club in London schuf. Die Crème de Menthe, die Harry ursprünglich vorsah, ersetzte er 1929 in Paris durch Gin. Vielleicht stammt ja der Sidecar von der White Lady ab.



# WHITE LADY

## ES GESCHAH IN EINER NACHT (IT HAPPENED ONE NIGHT, 1934)

Dieser Film war ein Riesenerfolg und gewann die Top Five Acadamy Awards für Film, Regie, Darsteller, Darstellerin und Bearbeitung. Claudette Colbert spielt die Millionenerbin Ellie Andrews (links). Deren Auserwählter passt ihrem Vater Alexander Andrews (Walter Connolly) nicht. Andrews lässt seine Tochter auf seiner Yacht in Miami bewachen, doch sie springt über Bord und setzt sich in einen Bus, um ihren Verlobten zu finden. Unterwegs lernt sie den Reporter Peter Warne (Clark Gable) kennen, der eine Story wittert und sich ihr anschließt. Die beiden verlieben sich ineinander, entgegen Warnes Beteuerungen, Ellie sei für ihn „nur eine Schlagzeile". Dieser unterhaltsame Film begründete Frank Capras Karriere als Regisseur und machte Gable und Colbert zu Stars.

50 ML GIN
1 SPRITZER FRISCH GEPRESSTER ZITRONENSAFT
1 SPRITZER TRIPLE SEC
1 EIWEISS

*Gin mit einem großen Spritzer Zitronensaft, einem kleinen Spritzer Triple Sec und dem Eiweiß verrühren. In einem Cocktailshaker schütteln und in ein vorgekühltes Martiniglas gießen.*

*Für eine Pink Lady einen Spritzer Grenadine sowie einen extra Spritzer Gin hinzufügen.*

ELLIE *„Ihr Ego ist einfach unglaublich!"*
PETER *„Ja, ja, nicht schlecht. Und was ist mit Ihrem?"*

Wenn Sie wissen, wie man einen Sour mixt, dann sind Sie vom Gin Fizz nur noch einen Schuss Soda entfernt. Zu einem Ramos Gin Fizz gehört allerdings etwas mehr. Der Ramos Gin Fizz ist einer von vielen Klassikern aus New Orleans und wird deshalb auch New Orleans Fizz genannt. Der Drink wurde um 1890 von den Ramos-Brüdern in New Orleans kreiert. Bis zur Prohibition (1920–1933) hielten die Brüder das Rezept geheim.



# ...... RAMOS GIN FIZZ

50 ML GIN
40 ML ZITRONENSAFT
1 SPRITZER ZUCKERSIRUP
1 SPRITZER FRISCHE SÜSSE SAHNE
1 SPRITZER EIWEISS
3 SPRITZER ORANGENBLÜTEN-WASSER
SODA (NACH BELIEBEN)

*Alle Zutaten in einem mit Eis gefüllten Cocktailshaker schütteln. In ein Highballglas gießen und mit einer Zitronenscheibe garnieren. Nach Belieben mit Soda auffüllen.*

RIP MURDOCK *„Es war wie bei der Raubtierfütterung im Zoo. Man brauchte nur Geld für den Start und zum Schluss etwas Natron."*

## DEAD RECKONING (1947)

Die Kriegshelden Rip Murdock (Humphrey Bogart, unten) und Johnny Drake (William Prince) sind unterwegs nach Washington zur Ordensverleihung. Im Zug verschwindet Drake plötzlich. Der erstaunte Murdock macht sich auf die Suche und findet heraus, dass sein Kumpel einst wegen Mordes verurteilt worden und unter falschem Namen in die Armee eingetreten war. Drake wird umgebracht, und Murdock will seinen Mörder stellen. Als er Coral Chandler (Lizabeth Scott), die Witwe von Drakes Opfer, kennenlernt, verliebt er sich in sie. Coral bekämpft die Trauer um ihren Mann mit Gin. „Was werden sie jetzt tun?", fragt sie. „Noch mehr Ramos Gin Fizzes trinken?"

## HUMORESKE (HUMORESQUE, 1947)

Wenn es stimmt, dass die Musik die Nahrung der Liebe ist, dann dürfte sie niemals verklingen: *Humoreske* – benannt nach der im Film vorgetragenen Komposition Dvoraks – ist ein angespanntes Melodram mit Joan Crawford in der Rolle der reichen, glamourösen Kunstmäzenin Helen Wright (oben). Sie fühlt sich zu ihrem Schützling Paul Boray (John Garfield, oben) hingezogen, einem vielversprechenden Violinisten. Als es ihr nicht gelingt, ihn seiner großen Liebe, der Musik, abspenstig zu machen, ertränkt sie ihren Kummer im Alkohol. Die Musik ist überwältigend: Isaac Stern spielt die Violinsoli, für die realistischen Fingerbewegungen und die Bogenführung sorgen geniale Trickeffekte.

HELEN ZU PAUL *„Mögen Sie keine Martinis? Sie sind etwas für Kenner – wie Ravel."*

50 ML LONDON DRY GIN
1 SPRITZER FRISCH GE-
PRESSTER ZITRONENSAFT
1 SPRITZER ZUCKERSIRUP
SODA
1 ZITRONENSCHEIBE

*Gin, einen kleinen Schuss Zitronensaft und einen Spritzer Zuckersirup in ein mit Eis gefülltes Highballglas geben. Mit Soda auffüllen, umrühren und mit der Zitronenscheibe garnieren.*

# TOM COLLINS

Ein Servierwagen am Pool; nachmittags ein Sprung ins glasklare Wasser und anschließend ein erfrischender Collins, um die Gänsehaut zu vertreiben. Tom ist das bekannteste Familienmitglied der Collins-Cocktails, aber das Original heißt John – benannt nach seinem Erfinder, der ihn Ende des 19. Jahrhunderts im Limmer's Hotel in London kreierte. Der John Collins wurde mit holländischem Gin gemixt, mittlerweile aber mehr oder weniger durch den Tom Collins verdrängt, für den man London Dry Gin verwendet.

Der Gimlet verbindet Schlichtheit mit Zweckmäßigkeit. Der Drink erhielt seinen Namen von dem englischen Wort für „Handbohrer". Der Limettensaft Rose's Lime Juice wurde von Lauchlan Rose erfunden, der im 19. Jahrhundert begann, Limetten aus der Karibik zu importieren. Vielleicht stammt dieser Cocktail, ähnlich wie der Pink Gin, von einem britischen Marineschiff, und der Limettensaft wurde gegen Skorbut eingenommen.



# GIMLET

50 ML GIN (ODER WODKA)
25 ML ROSE'S LIME JUICE

*Gin oder Wodka in einen mit Eis gefüllten Cocktailshaker geben. Lime Juice nach Belieben hinzufügen (In der Regel kommen zwei Teile Alkohol auf einen Teil Limettensaft). Kurz und kräftig schütteln und in ein vorgekühltes Martiniglas oder in einen Tumbler auf Eis gießen.*

FRANCESCA VON STEFFAN (RECHTS, SITZEND) *„Ihr letztes Buch habe ich geradezu verschlungen, Harry."*

HARRY STREET *„Ich hoffe, Sie haben sich nicht den Magen verdorben."*

## SCHNEE AM KILIMANDSCHARO (THE SNOWS OF KILIMANJARO, 1952)

Harry Street liegt schwerkrank in Afrika am Fuße des Kilimandscharo, aufopfernd gepflegt von seiner Frau Helen (Susan Hayward). In seinen Fieberphantasien reist er zurück in seine Vergangenheit als unsteter Schriftsteller – ein Leben, das ihm nun verschenkt scheint. Rückblenden zeigen Cynthia (Ava Gardner), Streets Geliebte, die er während des spanischen Bürgerkriegs aus den Augen verlor. Pariser Cafés, die Riviera und atemberaubende afrikanische Landschaften ziehen vorüber. Der Film, nach einem Roman von Ernest Hemingway, war ein Kassenschlager, der Alte Mann selber soll ihn nicht sonderlich geschätzt haben.

**NINOTSCHKA (NINOTCHKA, 1939)**

„Ich bin so glücklich! Kein Mensch kann so glücklich sein, ohne dafür bestraft zu werden," sagt Ninotschka (Greta Garbo) in dieser herrlichen Komödie von Billy Wilder. Ninotschka ist eine sowjetische Kommissarin, die nach Paris reist, um die Juwelen einer Großfürstin (Ina Claire) aus dem Kreis der exilierten Weißrussen zu verkaufen. Als der französische Geliebte der Großfürstin, Graf Léon (Melvyn Douglas) darauf angesetzt wird, das Geschäft zu verhindern, verliebt er sich in Ninotschka. Mit Champagner und Pariser Lebensgefühl gelingt es ihm, sie aus ihrer kommunistischen Reserve zu locken. Kommunismus und Kapitalismus werden gleichermaßen auf die Schippe genommen.

NINOTSCHKA *„Auf keinen Fall möchte ich, dass unser Land durch meine Unterwäsche gefährdet wird!"*

40 ML RUSSISCHER WODKA
20 ML KAHLÚA
1 MARASCHINOKIRSCHE

*Einen Tumbler bis zum Rand mit Eis füllen. Wodka und Kahlúa darübergießen und mit der Maraschinokirsche garnieren.*

*Für einen White Russian zum Schluss 20 ml süße Sahne auf den Drink gleiten lassen. Mit einer Kirsche mit Stiel garnieren.*

# BLACK RUSSIAN

Der Kalte Krieg ist vorbei, doch Polen und Russen streiten sich wie eh und je über die Ursprünge des Wodkas – beide betrachten diesen neutralen, praktisch geschmacklosen Schnaps als ihre eigene Spezialität. Aber Vorsicht: Was dem Wodka an Persönlichkeit fehlt, gleicht er durch seine Wirkung allemal aus. Halten Sie sich also mit den Black Russians nach dem Essen zurück!

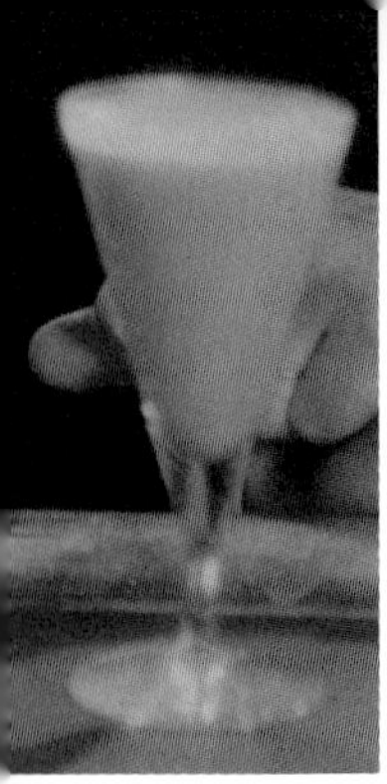

Der Flip war im 18. Jahrhundert besonders beliebt, damals noch in Form eines gesüßten, heißen Getränks in einem Krug auf der Basis von Bier oder Ale, meist mit Rum, Ei und Gewürzen kombiniert. Später ging man dazu über, ihn kalt in einem kleinen Stielglas aufzutragen. Der Name kommt vom englischen *to flip* („drehen", „wenden"), denn die Zutaten werden kräftig verrührt, um eine glatte Konsistenz zu erhalten.



# BRANDY FLIP

**50 ML WEINBRAND**
**1 EI**
**1 SPRITZER ZUCKERSIRUP**

*Die Zutaten in einem mit Eis gefüllten Mixglas sorgfältig verrühren und in ein Weinglas gießen.*

OTTO KRINGELEIN *„Das Leben ist wundervoll, aber sehr gefährlich. Wenn man den Mut hat, es auszuleben, ist es einfach phantastisch."*

## MENSCHEN IM HOTEL (GRAND HOTEL, 1932)

1932 bot MGM für diesen Film seine größten Stars auf: Greta Garbo als die Ballerina Grusinskaya, John Barrymore als ihr Geliebter Baron Felix von Gaigern, ein Juwelendieb; Lionel Barrymore als der todkranke, dem Alkohol verfallene Otto Kringelein (unten); Joan Crawford als Flämmchen (unten) und Wallace Beery als Generaldirektor Preysing. Das Ergebnis: ein Oscar für den besten Film und ein Riesenansturm auf die Kinokassen. Dr. Otternschlag (dargestellt von Lewis Stone) stöhnt: „Grand Hotel: Immer das Gleiche. Leute kommen, Leute gehen, und nie passiert was." Aber es geschieht doch etwas: Liebe und Demut triumphieren über die Härten der Großstadt Berlin.

30 ML WEINBRAND
30 ML BRAUNER RUM
1 EI
1 TL ZUCKER
MILCH
FRISCH GERIEBENE
MUSKATNUSS

*Alle Zutaten bis auf die Milch in einen mit Eis gefüllten Cocktailshaker geben. Kurz und kräftig schütteln und in einen Tumbler gießen. Mit Milch auffüllen und umrühren. Etwas frisch geriebene Muskatnuss darüberstreuen.*

# EGG NOG

In den USA ist der Egg Nog untrennbar mit dem Weihnachtsfest verbunden. In den Südstaaten serviert man ihn traditionell als heißen „Cocktail", mit Bourbon anstelle von Weinbrand und Rum. Aber egal, ob heiß oder kalt, der Egg Nog ist in erster Linie ein Flip mit Milch oder Sahne. Der Name kommt wahrscheinlich vom englischen „noggin" – einem kleinen Krug, der speziell für Flips gedacht war.

**DER MANN, DER ZUM ESSEN KAM (THE MAN WHO CAME TO DINNER, 1942)**

Sheridan Whiteside (Monty Woolley, oben) ist der Mann, der zum Essen kam – ein Radiosprecher, bei dessen Unverschämtheiten sogar die Milch sauer wird. Auf einer Vortragsreise durch den Mittleren Westen der USA mit seiner Assistentin Maggie Cutler (Bette Davis) rutscht er im Haus der Stanleys (Billie Burke und Grant Mitchell) aus und bricht sich das Bein. Er bleibt als Gast und mischt sich in die Belange sämtlicher Mitmenschen ein. Das einzige, was bei Whitesides Gefühlskälte nicht gefriert, ist der Egg Nog.

WHITESIDE ZU SEINER PFLEGERIN *„Stehen Sie da nicht herum, Miss Preen. Sie sehen aus wie gefrorener Vanillepudding."*

Der Buck's Fizz ist wie der Kir Royal ein beliebtes Getränk bei Hochzeiten und Empfängen. Er wurde in den frühen 20er Jahren im Londoner Buck's Club erfunden und galt als der Renner bei den jungen Damen. Nicht minder populär ist die Mimosa, die oft genauso serviert wird, manchmal aber noch einen Schuss Grand Marnier beinhaltet. Beide Drinks eignen sich hervorragend für den Brunch.



# BUCK'S FIZZ

TROCKENER CHAMPAGNER

FRISCH GEPRESSTER ORANGENSAFT

*Für diesen Cocktail müssen beide Zutaten eiskalt sein. Einen Champagnerkelch zur Hälfte mit Champagner füllen, mit Orangensaft auffüllen und vorsichtig umrühren.*

*Für eine Mimosa einen Buck's Fizz mixen und einen Schuss orangefarbenen Curaçao oder Grand Marnier hinzufügen.*

DALE TREMONT *„Der Umgang mit Pferden ist wohl Ihre besondere Stärke?"*

JERRY TRAVERS *„Meine Pferdestärke!"*

## ICH TANZ' MICH IN DEIN HERZ HINEIN (TOP HAT, 1935)

Wer braucht schon eine gute Handlung, wenn Fred Astaire und Ginger Rogers (beide unten) zu Songs von Irving Berlin steppen? Atemberaubende Tanzfiguren – vor allem „Isn't This a Lovely Day?" – und eine prächtige Art-Déco-Kulisse sorgten dafür, dass der Film ein Publikumsrenner wurde. Er erzählt von einem romantischen Missverständnis und bietet einiges an Komik, wenn der charmante Jerry Travers (Astaire) die aufgebrachte Dale Tremont (Rogers) quer durch London und Venedig verfolgt. Es gab Oscar-Nominierungen für den Besten Song („Cheek to Cheek") sowie die Beste Choreographie („Top Hat, White Tie and Tails").

Am Ende eines langen Tages oder wenn man völlig erledigt ist, gibt es keine bessere Wohltat als einen heißen Grog. Häufig verabreicht, kann er selbst dem Mutlosesten wieder Energie und Hoffnung schenken. Den Namen „Toddy" dürften die Engländer aus Indien mitgebracht haben, wo man aus dem Saft der so bezeichneten Palme Palmwein herstellte.



# HOT TODDY

**DIE KATZE AUF DEM HEISSEN BLECHDACH (CAT ON A HOT TIN ROOF, 1958)**

Tennessee Williams' Stück *Die Katze auf dem heißen Blechdach* war nicht nur auf der Bühne, sondern auch auf der Leinwand ein Erfolg und brachte MGM 1958 einen satten Profit ein. Paul Newman und Elizabeth Taylor spielen Brick und Maggie Pollitt (links), ein Ehepaar, das sich ständig in den Haaren liegt. Kern des Problems ist Bricks Widerstreben, mit seiner Frau zu schlafen, was auf seine latente Homosexualität zurückzuführen ist – ein Aspekt, der im Stück eingehender beleuchtet wird als im Film. Burl Ives ist Bricks Vater Big Daddy, ein reicher Plantagenbesitzer aus den Südstaaten, der an Krebs erkrankt ist. Als wäre die Situation noch nicht schlimm genug, machen sich Bricks Bruder Gooper (Jack Carson) und Schwägerin Mae (Madeleine Sherwood) daran, Bricks Position bei Big Daddy zu unterminieren.

50ML SCOTCH WHISKY
1 EL HONIG
KOCHEND HEISSES WASSER
5 NELKEN
1 ZITRONENSCHEIBE
GEMAHLENER ZIMT
1 SCHUSS FRISCH GEPRESSTER ZITRONENSAFT
1 ZIMTSTANGE

*Whisky mit Honig in einen hitzefesten Tumbler geben. Ein halbes Glas kochend heißes Wasser hinzufügen und verrühren. Fünf Nelken in die Schale einer Zitronenscheibe drücken und in das Glas geben; etwas Zimt darüberstreuen und einen Schuss Zitronensaft hinzufügen. Nochmals verrühren, mit der Zimtstange garnieren.*

MAGGIE ZU BRICK *„Wir leben nicht zusammen, wir bewohnen nur denselben Käfig."*

Der Rickey ist ein köstlicher Drink, der auch die trockenste Kehle erfrischt. Er ist mit dem Sour, dem Collins und dem Fizz verwandt und lässt sich auf der Basis jeder beliebigen Spirituose mixen. Für den Gin Rickey sollten Sie für ein ausgewogenes Verhältnis frischer reiner Aromen einen hochwertigen Gin verwenden.

# GIN RICKEY

**50 ML GIN**
**1 SCHUSS FRISCH GEPRESSTER LIMETTENSAFT**
**1 SPRITZER ZUCKERSIRUP**
**SODA**
**1 LIMETTENSPALTE**

*Gin, einen kräftigen Schuss Limettensaft und einen kräftigen Schuss Zuckersirup in ein mit Eis gefülltes Highballglas geben. Mit Soda auffüllen und mit der Limettenspalte garnieren.*

Der Brandy Alexander wurde eigens als Drink nach dem Essen entwickelt und war bald beliebter als sein Vorläufer, der Alexander Cocktail, für den man Gin verwendet. Die Kombination aus Weinbrand (an sich schon ein hervorragender Digestif), Sahne und Crème de Cacao ist selbst nach dem üppigsten Mahl Balsam für den Magen.

# BRANDY ALEXANDER

**40 ML WEINBRAND**
**20 ML WEISSE CRÈME DE CACAO**
**20 ML DUNKLE CRÈME DE CACAO**
**FRISCHE SÜSSE SAHNE**
**GERIEBENE MUSKATNUSS**

*Alle Zutaten mit einem Schuss frischer Sahne in einen mit Eis gefüllten Cocktailshaker geben. Kurz und kräftig schütteln und in ein vorgekühltes Martiniglas gießen. Mit geriebener Muskatnuss garnieren.*

50 ML WEINBRAND

25 ML WEISSE CRÈME DE MENTHE

*Weinbrand und Crème de Menthe in einen mit Eis gefüllten Cocktailshaker geben. Kurz und kräftig schütteln und in ein vorgekühltes Martiniglas gießen.*

# STINGER





In *High Society*, der Musical-Version von *Die Nacht vor der Hochzeit*, sagt CK Dexter Haven (Bing Crosby) zu Tracy Lord (Grace Kelly): „Dies ist ein Stinger, er lindert den Schmerz." Außerdem gilt er als exzellenter Digestif.

1 EI, GETRENNT

30 ML BRAUNER RUM

30 ML WEINBRAND

1 BARLÖFFEL ZUCKER

KOCHEND HEISSES WASSER

GERIEBENE MUSKATNUSS

*Eiweiß und Eigelb getrennt schlagen und anschließend in einem hitzefesten Weinglas verrühren. Die übrigen Zutaten an die Eimasse geben und mit kochend heißem Wasser auffüllen. Mit Muskatnuss garnieren.*

# TOM AND JERRY

Dies ist kein Zeichentrick-Mix – der Drink hat seinen Namen von dem großen Cocktail-Erfinder Professor Jerry Thomas, der ihn Mitte des 19. Jahrhunderts kreierte. Ein Getränk für jede Tages- oder Nachtzeit. Vor einem flackernden Kaminfeuer schmeckt es aber wahrscheinlich am besten.

# DRINKS FÜR JEDEN ANLASS

*In seinen glorreichen Tagen hatte Hollywood eine Vorliebe für opulente Kulissen und tropische Szenerien, und die Cocktails, die auf dem Set geschlürft wurden, waren nicht minder exotisch. Da gab es den lieblichen Charme der Südstaatenplantagen, der sich in aromatischen Juleps oder einem Planter's Punch niederschlug, wohingegen der Wahnsinn Manhattans in hirnbetäubenden Zombies zum Ausdruck kam.*

*In Europa wurden Americanos gekippt, während auf der Leinwand so mancher Star am Strand eines Inselparadieses dem Publikum die sündhaften Freuden des Rumtrinkens demonstrierte. Wie eine gute Hollywood-Phantasie versetzt Sie auch eine reich bestückte Cocktailbar in die Lage, einen ganz normalen Sommertag, eine abendliche Einladung oder jede andere Gelegenheit in ein außergewöhnliches Ereignis zu verwandeln.*

25 ML CAMPARI

25 ML SÜSSER VERMOUTH

SODA

1 ORANGENSCHEIBE

*Eiswürfel in ein Highballglas geben. Den Alkohol zugeben und mit Soda auffüllen. Umrühren und mit der Orangenscheibe garnieren.*

# AMERICANO

Der Americano eignet sich als unkomplizierte Einleitung zu einer Nachmittagsparty im strahlenden Sonnenschein. Er stammt aus Italien, der Heimat des Campari, und war während der Prohibition bei amerikanischen Besuchern besonders populär. Wer es hochprozentiger mag, fügt etwas Gin hinzu, damit wird aus dem Americano ein Negroni. Dieser Drink wurde in den wilden 20er Jahren von Graf Camillo Negroni in Florenz erfunden – mit einem Schuss Soda ist er nicht ganz so herb.

**DER RÖMISCHE FRÜHLING DER MRS STONE (THE ROMAN SPRING OF MRS STONE, 1962)**

Wieder diente ein Werk von Tennessee Williams, diesmal sein einziger Roman, als Filmvorlage. Vivien Leigh spielt Karen Stone (oben), eine verwitwete Schauspielerin mittleren Alters, die am Ende ihrer Karriere nach Rom zieht. Schnell findet sie einen Begleiter in Gestalt von Gigolo Paolo di Leo (Warren Beatty, oben links), der sie finanziell ausnutzt. Lotte Lenya als Contessa Magda Terribili-Gonzales beruft Paolo schließlich ab, damit er einer anderen jungen Schauspielerin namens Barbera Bingham (Jill St. John) „assistiert". Mrs Stone ist völlig gebrochen, und dem Frühling folgt sehr schnell der Herbst.

BARBERA BINGHAM *„Ich habe Sie nie auf der Bühne gesehen, ist das nicht schrecklich?"*

KAREN STONE *„Ganz und gar nicht. Ich habe Sie nie auf der Leinwand gesehen."*

Der Pimm's Cocktail ist überall dort zu finden, wo Polo, Rasentennis oder Cricket gespielt wird. Im Grunde handelt es sich hier um einen Gin Sling, eine der wenigen Fertigmixturen, die sich bewährt haben. Der Pimm's No. 1 (es gibt mittlerweile sechs Versionen auf jeweils unterschiedlicher Alkoholbasis) wurde erstmals 1840 hergestellt. Er ist eine Spur stärker als der Americano und der richtige Drink für einen langen Nachmittag.



# PIMM'S COCKTAIL

**50 ML PIMM'S NO. 1**
**ZITRONENLIMONADE**
**GURKENSCHALE**
**GEMISCHTE FRÜCHTE NACH BELIEBEN**
**1 MINZEZWEIG**

*Den Pimm's auf Eis in ein Highballglas gießen, Limonade hinzufügen und dabei genug Platz für die Früchte lassen. Einen Streifen Gurkenschale, jeweils eine Orangen-, Zitronen- und Erdbeerscheibe sowie den Minzezweig hinzufügen. Mit Strohhalm und Sektquirl servieren.*

## FRAU OHNE GEWISSEN (DOUBLE INDEMNITY, 1944)

Es war Mord auf den ersten Blick. Fred MacMurray (rechts) legt sein nettes Image ab und spielt die Rolle seines Lebens als Walter Neff, ein Versicherungsvertreter, den Gier und Leidenschaft zu einer unkontrollierbaren Intrige verleiten. Dieser bezwingende *film noir* nach einer Kurzgeschichte von James Cain (bearbeitet von Billy Wilder und Raymond Chandler) setzt ein mit dem tödlich verwundeten Neff, der sein Geständnis in ein Diktaphon spricht: Phyllis Dietrichson (Barbara Stanwyck, rechts) stiftet Neff zu einem Lebensversicherungsbetrug an. Dann erscheint Schadensermittler Barton Keyes (dargestellt von Edward G. Robinson) auf der Bildfläche. Einer der kaltblütigsten Krimis, die je aus Hollywood kamen. Die Spannung hält vom Anfang bis zum Ende!

WALTER NEFF *„Ich hätte nicht gedacht, dass Mord so lieblich duften kann."*

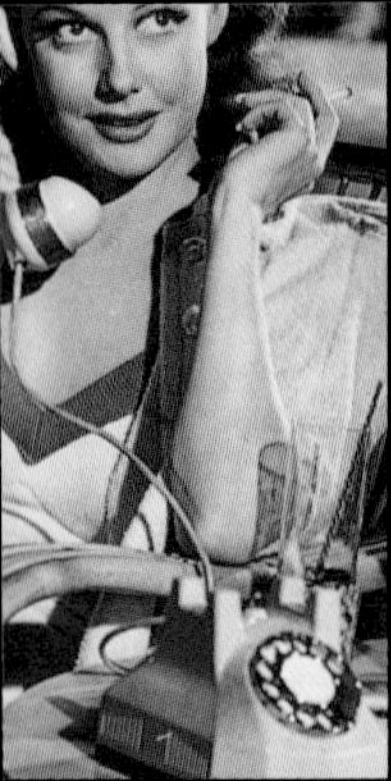

Wie bei vielen anderen Cocktails liegt auch der Ursprung des Mint Julep im Dunkeln, zumal das Wort „Julep" vom persischen „guleb" herrührt, einem Heiltrank aus Sirup, Aromen und Wasser. Niemand weiß, wie er in den tiefen amerikanischen Süden gelangte. Nach Europa brachte ihn angeblich der englische Kapitän Marryatt, der ihn beschrieb als „eins der köstlichsten und angenehmsten Elixiere, die je erfunden wurden".

# MINT JULEP

5 FRISCHE MINZEZWEIGE

1 STÜCK WEISSER WÜRFELZUCKER

50 ML BOURBON

1 SPRITZER SODA (ODER WASSER)

*Minze und Zucker mit dem Bourbon und einem Spritzer Soda in einem Tumbler verrühren, bis sich der Zucker gelöst und das Aroma der Minze entfaltet hat. Zerstoßenes Eis in das Glas geben und umrühren. Mit einem Minzezweig garnieren und Strohhalme dazu reichen.*

WHITESIDE *„Er ist genau dein Fall, Schätzchen."*

LORRAINE „LOU" SHELDON

*„Ich nehme morgen gleich den ersten Zug. Attraktiv ist er auch noch? Ich kann's kaum erwarten."*

## DER MANN, DER ZUM ESSEN KAM (THE MAN WHO CAME TO DINNER, 1942)

Die Warner Brothers übernahmen die Rechte an der erfolgreichen Broadway-Komödie von Kaufman und Hart auf Wunsch von Bette Davis. Ihr Wunschpartner John Barrymore nuschelte zu sehr und wurde schließlich durch Monty Woolley ersetzt, der Sheridan Whiteside bereits auf der Bühne dargestellt hatte. Die Figuren im Film sind frei nach berühmten Personen konzipiert: Alexander Woollcott (Whiteside, gespielt von Woolley), einer der Marx Brothers (Banjo, dargestellt von Jimmy Durante) und Noel Coward (Beverly Carlton, gespielt von Reginald Gardiner). Ann Sheridan glänzt in der Rolle der Schauspielerin Lorraine Sheldon (unten).

**PHANTOM SUBMARINE (1941)**

In diesem Hochseeabenteuer spielt Anita Louise die Reporterin Madeleine Nielson (oben), von der Navy beauftragt, die mysteriösen Aktivitäten der *Retriever* zu untersuchen, eines Schiffes, das nach versunkenem Gold sucht. Eine Explosion zwingt die *Retriever*, den Hafen anzulaufen, wo ein reicher Ausländer, Henri Jerome (John Tyrell II, oben Mitte), für die Reparatur aufkommt. Er hindert Nielson daran, wieder an Bord zu gehen, sie wird jedoch von Paul Sinclair (Bruce Bennett) befreit. Sinclair hat ein U-Boot ausgesandt, um die *Retriever* aufzubringen. Mit der spannenden Handlung und den herrlichen Unterwasseraufnahmen begeistert *Phantom Submarine* jedes Seemannsherz.

HENRI JEROME *„Etwas Kühlendes zu trinken? Sie müssen durstig sein."*

MADELEINE NIELSON *„Wir brennen förmlich, aber vor Neugier."*

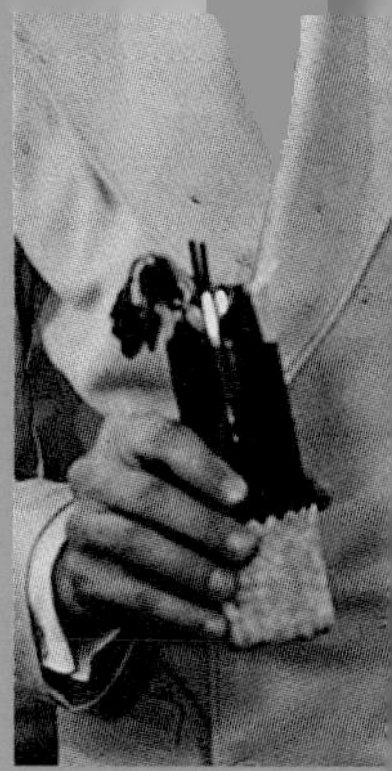

# SEA BREEZE

Dieser Cocktail ist nach den frischen Winden benannt, die vom Meer her wehen, ein Phänomen, das auftritt, wenn der Ozean kälter ist als das Land. Wie die Richtung dieser wechselhaften Winde hat sich auch der Sea Breeze geändert: In den 20er und 30er Jahren wurde er auf der Basis von Gin gemixt, später wandelte er sich zu einem beliebten Wodka-Cocktail.

- 50 ML WODKA
- CRANBERRYSAFT
- FRISCH GEPRESSTER GRAPEFRUITSAFT
- 1 LIMETTENSPALTE

*Den Wodka in ein mit Eis gefülltes Highballglas geben. Das Glas zu drei Vierteln mit Cranberrysaft füllen und mit Grapefruitsaft auffüllen. Mit der Limettenspalte garnieren.*

*Für einen Salty Dog den Cranberrysaft weglassen: Den Rand eines Tumblers mit Zitronensaft einreiben und dann in Salz tunken. Das Glas mit Eis füllen und den Wodka hineingeben. Mit Grapefruitsaft auffüllen und ohne Garnitur servieren.*

Diverse Cocktails haben ihre Namen aus dem Werkzeugkasten: So der Gimlet (Handbohrer), der Ice Pick (Eispickel) und der Rusty Nail (Rostiger Nagel). Wie aber ein Drink aus Wodka und Orangensaft zu dem Namen Screwdriver – Schraubenzieher – kam, ist ein Rätsel. Angeblich wurde dieser Cocktail in den 40er Jahren von einem Amerikaner erfunden, der in Ermangelung eines Sektquirls in seine Werkzeugtasche griff.



# SCREWDRIVER

**VERDAMMT IN ALLE EWIGKEIT (FROM HERE TO ETERNITY, 1953)**

Unvergessen ist die Liebesszene am Strand zwischen Sergeant Milton Warden und Karen Holmes, der Frau von Wardens Vorgesetztem (Burt Lancaster und Deborah Kerr, links). In *Verdammt in alle Ewigkeit* glänzten Montgomery Clift (als Robert E. Lee Prewitt) und Frank Sinatra (als Angelo Maggio). Prewitt ist ein in Honolulu stationierter GI, der sich weigert, der Boxmannschaft seiner Kompanie beizutreten. Daraufhin beginnt man, ihn zu schikanieren. Sein einziger Freund ist Maggio, der ebenfalls den Sadismus von Sergeant Judson (gespielt von Ernest Borgnine) zu spüren bekommt. Donna Reed als „Hostess" und Deborah Kerr als untreue Ehefrau bringen die Leinwand zum Knistern und sorgen für ewige Verdammnis.

- 50 ML WODKA
- FRISCH GEPRESSTER ORANGENSAFT
- 1 ORANGENSCHEIBE

*Den Wodka in ein mit Eis gefülltes Highballglas geben. Mit Orangensaft auffüllen und mit der Orangenscheibe garnieren.*

SERGEANT WARDEN *„Das ist nicht Dreistigkeit, Ma'am, sondern Anständigkeit. Ich ertrage es nicht, wenn eine schöne Frau vor die Hunde geht."*

## CASABLANCA (1942)

Der Kassenschlager *Casablanca* kam zufällig drei Wochen, nachdem die Alliierten tatsächlich Casablanca erreicht hatten, ins Kino. Die Mischung aus Romanze, Intrige und Nostalgie mit einer Spur Verzweiflung und Korruption gewann Oscars für den besten Film, die beste Regie und das beste Drehbuch. „Ich kam wegen des Wassers nach Casablanca," sagt Rick Blaine (Humphrey Bogart). „Wasser, welches Wasser denn? Wir sind in der Wüste," erwidert Captain Louis Renault (Claude Rains). Bogart witzelt: „Man hat mich wohl falsch informiert." *Casablanca* sicherte Humphrey Bogart und Ingrid Bergmann zu den Klängen von „As Time Goes By" ihren Platz in der Filmgeschichte.

RICK BLAINE *„Ist das zu fassen, von allen Kaschemmen in der ganzen Welt kommt sie ausgerechnet in meine."*

# SINGAPORE SLING

„Alle kommen ins Rick's." Sie kommen, um zu fliehen und um zu trinken: vielleicht einen Cointreau, oder, für jene, die in der Hitze der Wüste ihren Durst stillen wollen, einen Singapore Sling. Das hier aufgeführte Rezept hält sich ziemlich genau an die ursprüngliche Version, die Ngiam Tong Boon, Barkeeper im legendären Raffles Hotel, 1915 zum ersten Mal mixte.

50 ML GIN
25 ML FRISCH GEPRESSTER ZITRONENSAFT
1 SPRITZER ZUCKERSIRUP
1 SPRITZER CHERRY HEERING
1 ZITRONENSCHEIBE
1 KIRSCHE MIT STIEL

*Gin, Zitronensaft und einen Spritzer Zuckersirup in einen Cocktailshaker geben. Kurz und kräftig schütteln und in ein mit zerstoßenem Eis gefülltes Slingglas gießen. Die Mixtur mit einem Löffel verrühren und einen Schuss Cherry Heering obenauf geben. Mit der Zitronenscheibe und der Kirsche garnieren. Dazu Strohhalme reichen.*

Sloppy Joe's, El Floridita und La Bodeguita del Medio sind Bars in Havanna, die ihren Ruhm sowohl auf den Drinks gründeten, die sie erfanden, als auch auf den berühmten Namen derer, die sie dort zu sich nahmen. Ernest Hemingway war nur einer davon. Besonders beliebt war La Bodeguita, hier konnten die Schriftsteller ihre Drinks anschreiben lassen, auch den Mojito, der die hartnäckigste Schreibhemmung löst.



# MOJITO

4 FRISCHE MINZEBLÄTTER
50 ML WEISSER RUM
1 SPRITZER FRISCHER LIMETTENSAFT
ZUCKERSIRUP NACH BELIEBEN
SODA

*Die Minzeblätter in ein Highballglas geben und den Rum hinzufügen. Kräftig verrühren, bis sich das Minzearoma entfaltet hat. Geschabtes Eis, Limettensaft und nach Belieben Zuckersirup hinzufügen. Umrühren und mit Soda auffüllen. Mit Strohhalmen servieren.*

**UNSER MANN IN HAVANNA**
**(OUR MAN IN HAVANA, 1959)**

***Unser Mann in Havanna*, nach dem gleichnamigen Roman von Graham Greene, ist ein Spionagefilm der ganz anderen Art. Jim Wormold, gespielt von Alec Guinness (links), verkauft Staubsauger in Havanna und gerät versehentlich in die Mühlen des britischen Geheimdienstes. Um aus dem Missgeschick Kapital zu schlagen, erfindet er Personen, über deren Machenschaften er seinen Kontaktmännern „95200" (Noel Coward, links) und „C", dem Geheimdienstchef (Ralph Richardson), Bericht erstattet. Seine Rechnung scheint aufzugehen, bis ein gewisser Dr. Hasselbacher (Burl Ives) das Netz aus Betrug und Schwindel zerstört – was schwerwiegende Konsequenzen mit sich bringt.**

95200 *„Ich bin für das karibische Netzwerk zuständig."*
JIM WORMOLD *„Klingt nach Geheimdienst."*
95200 *„So nennen es jedenfalls die Romanautoren."*

## HABEN UND NICHTHABEN (TO HAVE AND HAVE NOT, 1945)

Harry „Steve" Morgan (Humphrey Bogart) betreibt mit Trunkenbold Eddie (Walter Brennan) ein Mietboot auf der von den Nazis besetzten Insel Martinique. Er macht Bekanntschaft mit der französischen Résistance und der Sängerin Marie „Slim" Browning (Lauren Bacall, oben). Die Liebesszenen sind legendär – die beiden Stars verliebten sich damals tatsächlich ineinander. Meisterhafte Dialoge (von William Faulkner und Jules Furthmann) und die Gesangseinlagen der Bacall machten aus *Haben und Nichthaben* einen Klassiker.

„SLIM" BROWNING *„Sie können doch pfeifen, Steve, oder? Einfach die Lippen schürzen und blasen."*

50 ML LEICHTER ODER WEISSER RUM
20 ML FRISCH GEPRESSTER LIMETTENSAFT
2 ½ TL ZUCKERSIRUP

*Alle Zutaten in einen mit Eis gefüllten Cocktailshaker geben. Kurz und kräftig schütteln und in ein vorgekühltes Martiniglas gießen.*

# DAIQUIRI

Die Rolle von Humphrey Bogart in *Haben und Nichthaben* orientierte sich an Joe Russell, dem Besitzer von Sloppy Joe's Bar in Havanna. Berühmt waren seine normalen sowie gefrorenen Daiquiris, die einem, wie Hemingway schrieb, „beim Trinken das Gefühl gaben, auf Skiern über den Pulverschnee eines Gletschers zu gleiten...". Dieser Drink, angeblich benannt nach einem kleinen Ort an der Ostküste Kubas, wurde Ende des 19. Jahrhunderts von einem amerikanischen Ingenieur namens Jennings Cox erfunden.

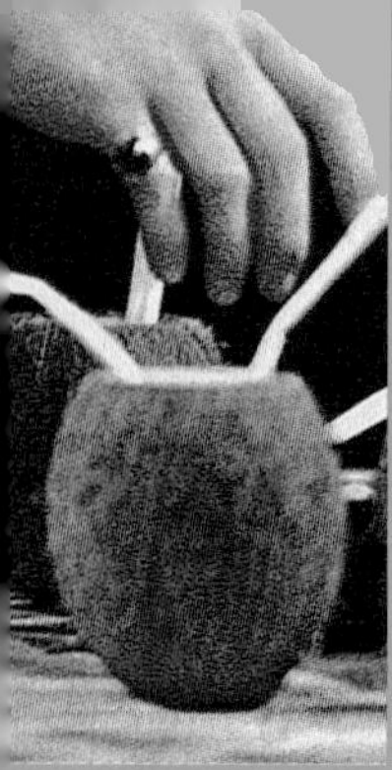

30 ML WEINBRAND
30 ML RUM
MILCH
WEISSER ZUCKER (NACH BELIEBEN)
GERIEBENE MUSKATNUSS

*Weinbrand und Rum in einem mit Eis gefüllten Mixglas verrühren und in einen Tumbler gießen. Mit Milch auffüllen und nach Belieben Zucker hinzufügen. Mit geriebener Muskatnuss garnieren.*

# MILK PUNCH

Anleitung für einen Milk Punch, übernommen aus *Schwere Jungs und leichte Mädchen:* „Abends geben sie eine Art Konservierungsmittel dazu," sagt Sky Masterson. „Tatsächlich? Was denn?", fragt Sarah Brown. „Bacardi." „Ist da nicht Alkohol drin?" „Ja, aber nur so viel, um zu verhindern, dass die Milch sauer wird." Dieser Drink ist in Kuba sehr beliebt, gelangte aber in New Orleans zu wahrem Ruhm.

## SCHWERE JUNGS UND LEICHTE MÄDCHEN (GUYS AND DOLLS, 1955)

Songs und Sünde ergaben ein opulentes Sam-Goldwyn-Musical. Um Geld für sein wanderndes Kasino aufzutreiben, wettet Nathan Detroit (Frank Sinatra) mit Sky Masterson (Marlon Brando, oben), dass dieser ein von Detroit vorgeschlagenes Mädchen nicht dazu bewegen könne, mit ihm nach Havanna zu gehen. Sky willigt ein. Detroit wählt die Missionarin Sarah Brown (Jean Simmons, oben) aus. Sky kann sie überreden, indem er ihr eine große Gemeinde für ihre Mission verspricht, und Sarah begeistert sich schnell für die Milchgetränke, die Sky für sie bestellt. In Havanna verlieben sich die beiden wider Erwarten ineinander.

SARAH BROWN *„Das ist wirklich ein leckerer Milchshake."*

Der Mai Tai, eine etwas längere Version des Daiquiri, ist „der Beste", jedenfalls ist dies die Bedeutung des tahitischen Namens. Sein Schöpfer war Victor Bergeron, Gründer der Bar- und Restaurantkette Trader Vic's im polynesischen Design. Der Drink tauchte erstmals 1944 in Kalifornien auf, angeblich, weil Bergeron „etwas Besonderes" für seine tahitischen Freunde kreieren wollte, die gerade auf Besuch in den USA waren.



# MAI TAI

- 50 ML DEMERARA-RUM
- 1 SPRITZER FRISCH GEPRESSTER ZITRONENSAFT
- 1 SPRITZER FRISCH GEPRESSTER LIMETTENSAFT
- 1 SPRITZER ORGEATSIRUP
- 1 SPRITZER APRICOT BRANDY
- 1 SPRITZER ORANGEFARBENER CURAÇAO
- 2 SPRITZER ANGOSTURA
- 1 SCHUSS ANANASSAFT
- 2 MINZEBLÄTTER
- 1 SCHEIBE ANANAS
- 1 MINZEZWEIG

*Den Rum und einen kräftigen Spritzer Zitronensaft, Limettensaft und Orgeatsirup in einen mit klein geschlagenem Eis gefüllten Cocktailshaker geben. Jeweils einen kleinen Spritzer Apricot Brandy und Curaçao, zwei Spritzer Angostura, einen kräftigen Schuss Ananassaft und zwei Minzeblätter hinzufügen. Kräftig schütteln und in einen Tumbler gießen. Mit einer Scheibe Ananas und dem Minzezweig garnieren.*

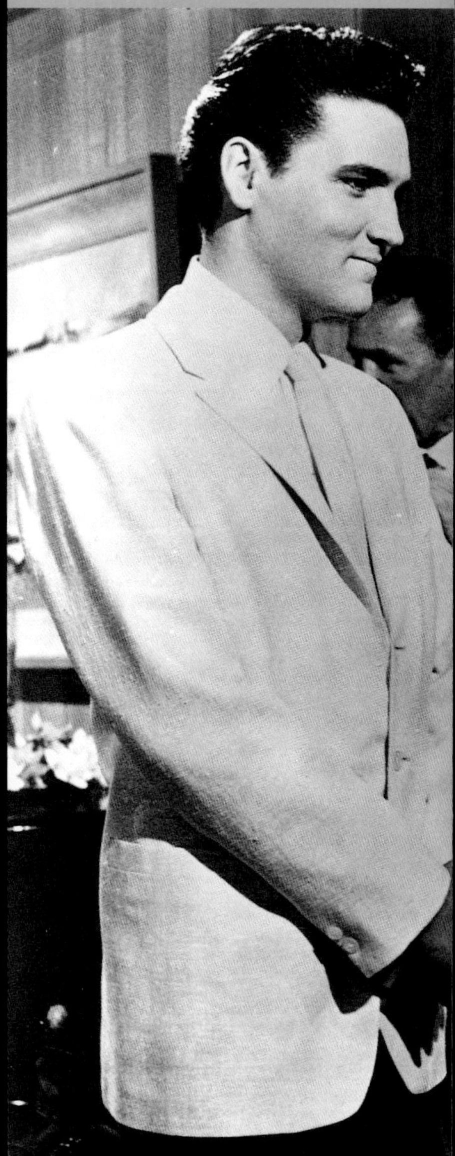

**BLAUES HAWAII (BLUE HAWAII, 1961)**

Eine Bilderbuchlandschaft im Südpazifik war die Kulisse für dieses Elvis-Presley-Märchen. Presley spielt Chad Gates (unten), der nach kurzem Dienst in der Army nach Hawaii zurückkehrt. Der Sohn des Ananas-Barons Fred Gates (Roland Winters, unten) beschließt, nicht in die Fußstapfen seines Vaters zu treten. Das tropische Ambiente bot Elvis Gelegenheit, sich im Bade-Outfit zu präsentieren und romantische Intermezzi mit Maile Duval (Joan Blackburn, unten) einzulegen. Elvis-Fans kommen hier voll auf ihre Kosten. Der King singt Hits wie „I Can't Help Falling in Love".

SARAH ZU FRED GATES *„Vorsicht, Daddy, diese Mai Tais haben's in sich."*

Eine Idylle unter Bäumen, ein Barbecue im Kreise der Nachbarn und ein sonniger Nachmittag im Süden – so sähe der perfekte Rahmen für den Planter's Punch aus. Er stammt von den Zuckerplantagen Jamaikas und wird Frank Myers zugeschrieben, der dort Ende des 19. Jahrhunderts eine Rumbrennerei gründete. Tatsächlich aber existieren Variationen zum Planter's Punch schon seit der Erfindung des Rums im 18. Jahrhundert.



# PLANTER'S PUNCH

50 ML MYERS DARK RUM
25 ML FRISCH GEPRESSTER LIMETTENSAFT
1 SPRITZER ZUCKERSIRUP
2 SPRITZER ANGOSTURA
SODA
1 LIMETTENSPALTE

*Rum und Limettensaft in einen mit Eis gefüllten Cocktailshaker geben und einen großen Spritzer Zuckersirup sowie zwei Spritzer Angostura hinzufügen. Schütteln und in ein mit Eis gefülltes Highballglas gießen. Mit Soda auffüllen und mit der Limettenspalte garnieren.*

**VOM WINDE VERWEHT**
**(GONE WITH THE WIND, 1939)**

**Bald schon verfinstern dunkle Wolken die glanzvollen Szenen des Plantagenlebens in diesem beliebtesten aller Leinwandepen, das nach Margaret Mitchells einzigem Roman entstand. Die Rolle der Scarlett O'Hara wurde zur begehrtesten in der Geschichte des Films: Neben vielen unbekannten Größen waren Paulette Goddard, Bette Davis, Joan Crawford, Jean Harlow, Carole Lombard und Tallulah Bankhead im Rennen. Schließlich durfte Vivien Leigh (rechts) die eigensinnige Südstaatenschönheit spielen, deren flotte Dialoge mit dem schneidigen Rhett Butler (Clark Gable, rechts) Berühmtheit erlangten. Was die Fans nicht wußten: Leighs Rolle war wegen Gables Mundgeruch alles andere als beneidenswert.**

SCARLETT O'HARA *„Nun, morgen ist ein neuer Tag."*

Wenn Holly Golightly es darauf anlegte, „sturzbetrunken" die Party zu verlassen, dann lag sie mit dem Zombie genau richtig. Don Beach, ein Restaurantbesitzer aus Hollywood, erfand diesen Drink 1934 und mixte bis auf das Spülwasser so ziemlich alles hinein. Gedacht war er angeblich als Anti-Kater-Mittel, bewirkt aber wohl genau das Gegenteil. Der Zombie kann aber auch Tote wieder zum Leben erwecken...



# ZOMBIE

**FRÜHSTÜCK BEI TIFFANY (BREAKFAST AT TIFFANY'S, 1961)**

„Skandalnudel Nummer 1" – so beschreibt sich Party-Girl Holly Golightly (Audrey Hepburn, links). Dieser Freigeist ist immer dabei, wenn es darum geht, eine Soirée zu schmeißen. Doch nicht alles an ihr ist, wie es scheint: Glamour und Eleganz verbergen eine dunkle Vergangenheit. „Sie ist eine Fälschung", bemerkt ihr Agent, „aber eine echte Fälschung." *Frühstück bei Tiffany* basiert auf einer Novelle von Truman Capote, dem ursprünglich Marilyn Monroe in der Hauptrolle vorschwebte. George Peppard bezaubert als aufrechter Schriftsteller Paul „Fred" Varjak, der sich mit der glücklosen Holly anfreundet und sich schließlich in sie verliebt.

- 20 ML LEICHTER RUM
- 20 ML WEISSER RUM
- 20 ML JAMAIKA-RUM
- FRISCH GEPRESSTER LIMETTENSAFT
- FRISCH GEPRESSTER PASSIONSFRUCHTSAFT
- FRISCH GEPRESSTER ANANASSAFT
- ZUCKERSIRUP (NACH BELIEBEN)
- 20 ML HOCHPROZENTIGER RUM

*Die ersten drei Rumsorten in einen Cocktailshaker geben und einen großen Spritzer Limettensaft hinzufügen. Jeweils zwei große Spritzer der restlichen Fruchtsäfte und nach Belieben einen Spritzer Zuckersirup hinzugeben. Kurz und kräftig schütteln und in ein mit Eis gefülltes Highballglas gießen. Etwas hochprozentigen Rum obenauf geben und aufwendig garnieren.*

HOLLY GOLIGHTLY *„Versprechen Sie mir, dass Sie mich erst nach Hause bringen, wenn ich betrunken bin – sturzbetrunken."*

In der Welt der Drinks sind nur wenige Markennamen so bekannt wie Bacardi – und Coca-Cola gehört auch dazu. Beim Cuba Libre werden diese beiden Marken kombiniert und ergeben den Highball „Cola-Rum". Dieser Drink wurde Anfang des 20. Jahrhunderts von einem amerikanischen Soldaten auf Kuba erfunden.

## CUBA LIBRE

50 ML WEISSER ODER BRAUNER RUM
COCA-COLA
SAFT VON 1 LIMETTE

*Rum und Coca-Cola in ein mit Eis gefülltes Highballglas geben. Die Limette vierteln und den Saft in das Glas pressen. Umrühren und servieren.*

Der Piña Colada, tropischster aller exotischen Cocktails, ist fast schon ein Dessert im Glas. Er sollte gut gekühlt und von glatter Konsistenz sein. Die Herkunft ist unbekannt, doch der Name piña stammt aus Mexiko und bezeichnet das Herzstück einer Agavenart, das die Form einer Ananas hat.

## PIÑA COLADA

50 ML WEISSER RUM
KOKOSNUSSCREME
ANANASSAFT (ODER FRISCHE ANANASSTÜCKE)
1 SCHEIBE ANANAS

*Alle Zutaten bis auf die Ananasscheibe in ein Mixgerät geben, eine Schaufel zerstoßenes Eis hinzufügen und auf hoher Stufe eine Minute lang rühren. In ein großes Coladaglas gießen und mit der Ananasscheibe garnieren.*

50 ML WEISSER TEQUILA
FRISCH GEPRESSTER
ORANGENSAFT
GRENADINESIRUP
1 ORANGENSCHEIBE

*Den Tequila in ein mit Eis gefülltes Highballglas geben, mit Orangensaft auffüllen und etwas Grenadinesirup hineingleiten lassen. Mit der Orangenscheibe garnieren und mit einem Strohhalm servieren.*

# TEQUILA SUNRISE

Der Tequila geht auf die Azteken zurück, die den Saft der Agave fermentierten. Aus frischem Agavensaft wird eine bierähnliche Flüssigkeit namens Pulque hergestellt, aus der man durch anschließende Destillation eine hochprozentige, weiße Spirituose gewinnt. Ein echter Tequila muss aus der Region Tequila in Mexiko stammen, Agavenschnaps aus anderen Gegenden heißt hingegen Meskal.



50 ML WEISSER TEQUILA
25 ML FRISCH GEPRESSTER LIMETTENSAFT
20 ML TRIPLE SEC (ODER COINTREAU)

*Den Rand eines Margaritaglases mit einer Limettenspalte einreiben und in einen Teller mit feinem Salz tunken. Alle Zutaten in einen mit Eis gefüllten Cocktailshaker geben. Gut schütteln und in das Glas gießen.*

# MARGARITA

Der Margarita ist der bekannteste und älteste Tequila-Cocktail. In den meisten Legenden hat er seine Wurzeln im Wilden Westen zur Zeit des Goldrausches. Nach der romantischsten Version kreierte ein Barkeeper in einer der Pionierstädte den Drink zur Erinnerung an seine Geliebte, die ihn vor einer Kugel schützen wollte und in seinen Armen starb.

# DRINKS FÜR DAS KATER-FRÜHSTÜCK

*Alle schönen Dinge haben einmal ein Ende. Die schlechten auch! Allerdings kann man zwar jederzeit eine miese Filmvorstellung verlassen, einen schrecklichen Kater wird man leider nicht so schnell wieder los. Doch wir wollen nicht ungerecht sein: Hollywood hat sich vielleicht oft über die Wirkung exzessiven Alkoholgenusses lustig gemacht. In den Drehbüchern finden sich aber auch alle möglichen Heilmittel für die Leidtragenden.*

*So schlägt Onkel Willie in „Die Nacht vor der Hochzeit" einen Trank vor, „der auch tote Iren wieder von der Schaufel springen läßt" – leider stellt sich dieser Effekt bei den Lebenden nicht so leicht ein. Zur Wiederbelebung gibt es auch noch Elixiere mit so seltsamen Namen wie Prairie Oyster und Corpse Reviver, doch am beliebtesten ist nach wie vor – und zwar bei Regisseuren, Schauspielern, Actricen und Zuschauern gleichermaßen – die bewährte Bloody Mary.*

## REMEMBER LAST NIGHT? (1935)

Diese Krimikomödie entstand nach dem Roman *Hangover Murders* von Adam Hobhouse unter der Regie von James Whale. Die Jungverheirateten Tony und Carlotta Milburn (Robert Young und Constance Cummings, oben, ganz rechts) feiern im Kreise ihrer besten Freunde. Die Party dauert die ganze Nacht, bis das erste fahle Morgenlicht auf die Leiche eines Gastes fällt. Die verbleibenden Partybesucher haben schwer an ihrem Alkoholkonsum und dem daraus resultierenden Gedächtnisschwund zu tragen und sind Inspektor Danny Harrison (Edward Arnold) keine große Hilfe. Ein Hypnotiseur soll die Mordszene rekonstruieren, doch bevor er die Identität des Mörders enthüllt, ist auch er tot. Was geschieht als nächstes? Seltsam, ich kann mich an nichts erinnern ...

CARLOTTA *„Oh mein Gott, was wird passieren?"*

TONY *„Alles mögliche, jedem von uns. Ich für meinen Teil rühre keinen Tropfen mehr an!"*

30 ML WEINBRAND
20 ML SÜSSER VERMOUTH
20 ML CALVADOS
1 STÜCK ORANGENSCHALE

*Die Zutaten in ein mit Eis gefülltes Mixglas geben. Langsam mit einem Löffel verrühren, bis das Glas beschlägt und der Inhalt gut vermischt ist. In ein vorgekühltes Martiniglas gießen und mit der Orangenschale garnieren.*

# CORPSE REVIVER

Wenn Ihr Wachzustand am Tag danach mit dem Wort „Zombie" am besten beschrieben ist, dann sollten Sie Harry Craddocks Rat zum Corpse Reviver befolgen: „Einzunehmen vor 11 Uhr vormittags, oder wann immer man Schwung und Energie benötigt." Aber Vorsicht: Diese steife Brise, erfunden von Frank Meier in der Bar des Ritz in Paris, kann die Erinnerung an Geschehnisse aufwirbeln, die besser verschüttet bleiben!

## DON JUAN QUILLIGAN (1945)

William Bendix spielt als Patrick „Don Juan“ Quilligan (unten links) den Kapitän eines Lastkahns auf dem Hudson River. Sein über alle Maßen idealisiertes Frauenbild ist Schuld daran, dass er schließlich mit zwei Frauen gleichzeitig verheiratet ist. Jede lebt auf einer anderen Seite des Flusses: seine Frau Marjorie Mossrock (Joan Blondell) in Brooklyn, seine andere Frau Lucy (Mary Treen) in Utica. Als die Situation außer Kontrolle gerät, inszeniert sein bester Freund Mac Denny (dargestellt von Phil Silvers, unten Mitte) einen Mord/Selbstmord, um dem bigamistischen Freund die Flucht aus seinem problematischen Eheleben zu ermöglichen – eine Flucht, die hinter Gittern endet.

Wenn Sie bei dem Gedanken an den Genuß von rohem Eigelb in Essig und Worcestersauce noch nicht abwinken, dann gibt Ihnen der Name dieses Drinks wahrscheinlich den Rest: das englische *Prairie Oyster* ist ein anderes Wort für Stierhoden. Doch so mancher schwört auf diesen Cocktail als sicheres Mittel gegen den Kater. Wenn Sie ihn trinken, dann am besten ex und hopp. Den Erfinder wollen wir lieber verschweigen...

# PRAIRIE OYSTER

- 1 EIGELB
- 40 ML COGNAC
- 1 BARLÖFFEL MALZESSIG
- 2 SPRITZER TABASCO
- 1 BARLÖFFEL WORCESTERSAUCE
- SALZ UND PFEFFER

*Das Eigelb, das ganz bleiben soll, in ein Margaritaglas geben. Die restlichen Zutaten vorsichtig darübergeben, ohne das Eigelb zu beschädigen. Das Glas auf einmal leeren – und beten.*

MAC DENNY *„Ein Ei? Verrühren wir es ein bisschen: So, das dürfte genügen."*

Von allen Anti-Kater-Cocktails ist die Bloody Mary am vielseitigsten und schmackhaftesten. „Pete" Petiot aus Harry's New York Bar in Paris mixte die würzigen Zutaten erstmals in den frühen 20er Jahren. Ob der Drink tatsächlich nach der Protestanten mordenden Tudor-Königin benannt ist, weiß niemand so genau, das einzig „Blutige" an diesem Drink ist jedenfalls der Tomatensaft, der den frischen Geschmack beisteuert.





# ... BLOODY MARY

**THE GIRL CAN'T HELP IT (1956)**

**Für den trinkfesten Presseagenten Tom Miller (Tom Ewell, links) könnte ein Werbeauftrag der Gangsterbraut Gerry Jordan (Jayne Mansfield, links) blutig enden, zumal Gerry über das Casino ihres Freundes sagt: „Die meisten seiner besten Kumpel wurden dort ermordet. Aber keine Sorge, er hat neue Teppiche legen lassen." Gerry rettet ihm schließlich das Leben und serviert ihm noch dazu ihren speziellen Anti-Kater-Drink. Ein anspruchsloser, dafür aber urkomischer Film mit großartigen Gags und sanfter Ironie auf Kosten des Rock'n-Roll-Fiebers. Mit dabei sind Fats Domino, Little Richard, The Platters, Gene Vincent, Eddie Cochran und die gespenstische Cocktail-Chanteuse Julie London (die sich selber spielt) mit ihrem schauerlich-schönen Song „Cry Me a River".**

50 ML WODKA
TOMATENSAFT
WÜRZMISCHUNG:
- JEWEILS 2 GROSSE SPRITZER TABASCO UND WORCESTERSAUCE
- 1 PRISE SELLERIESALZ
- 1 PRISE FRISCH GEMAHLENER SCHWARZER PFEFFER
- 1 SPRITZER FRISCH GEPRESSTER ZITRONENSAFT
- 1 TL MEERRETTICHSAUCE

1 ZITRONENSCHEIBE
1 SELLERIESTANGE

*Die Zutaten für die Würzmischung in einem Mixglas vermengen. Den Wodka in ein mit Eis gefülltes Highballglas geben, Tomatensaft und Würzmischung hinzufügen und kräftig verrühren. Mit der Zitronenscheibe und der Selleriestange garnieren.*

GERRY JORDAN ZU TOM MILLER *„Ich glaube, Sie brauchen das hier... die habe ich früher immer für meinen Vater gemacht. Er trank, um meine Mutter zu vergessen..."*

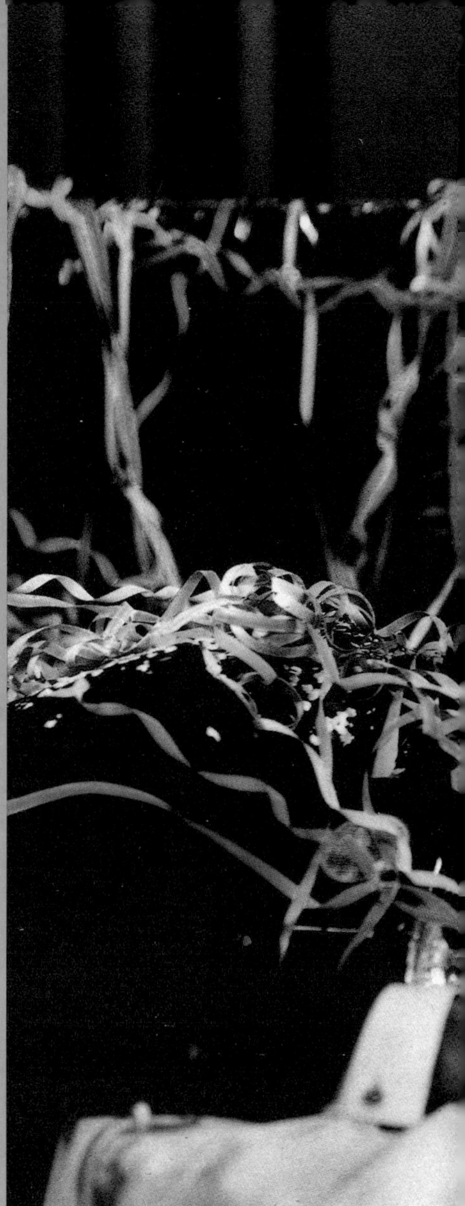

*Anderswo verdichtete sich die Nacht zu Schlaf und Stille. Hier aber tanzte man zu den rohen Klängen billiger Musik – Suff – Hass – Lust – einen Hexensabbath.*

**40 ML SCOTCH WHISKY**

**50 ML SÜSSE SAHNE**

**3 BARLÖFFEL HONIG**

*Alle Zutaten in einen mit zerstoßenem Eis gefüllten Cocktailshaker geben. Schütteln und in ein Martiniglas gießen.*

# HAIR OF THE DOG

Maßlosigkeit kann geradewegs in die Hölle führen, wie der Gangster Bull Weed aus *Unterwelt* nur zu gut weiß. Doch anders als den meisten, die einen über den Durst getrunken haben, steht Weed nicht nur ein Kater, sondern der Galgen bevor. Wenn die Angst vor dem Tod den Kopf nicht befreit, dann lässt er sich vielleicht mit einem Hair of the Dog aus der Schlinge ziehen...

## UNTERWELT (UNDERWORLD, 1927)

Ben Hechts erster Vorstoß in die Kunst des Drehbuchschreibens basiert auf seinen Beobachtungen des Gangstermilieus von Chicago während der Prohibition und wurde mit dem allerersten Oscar für die beste Story belohnt. Wie der Titel andeutet, spielt der Film in den Schlupfwinkeln der Unterwelt. Bull Weed (George Bancroft, oben) ist der Gangsterboss, auf dessen Freundin „Feathers“ (Evelyn Brent, oben) sein Erzfeind Buck Mulligan (Fred Kohler) scharf ist. Ein heruntergekommener Anwalt (Clive Brook), genannt „Rolls Royce“, wird aus der Gosse geholt und herausgeputzt, um die Kopfarbeit hinter Weeds Muskeln zu leisten. Die Stille des Films, der von Anfang bis Ende in Düsternis gehüllt ist, spricht Bände.

Obwohl viele Hollywoodstars gern dem Alkohol zusprachen, wurden doch nur wenige mit dem Namen eines Cocktails geehrt. Nach Mary Pickford wurde ein Drink auf Rumbasis benannt, doch am berühmtesten dürfte der alkoholfreie Mix sein, bei dem Shirley Temple, der rosigste aller Kinderstars, Pate stand.

## SHIRLEY TEMPLE

GINGER ALE (ODER WEISSE LIMONADE)
GRENADINESIRUP
1 MARASCHINOKIRSCHE

*Ginger Ale in ein mit Eis gefülltes Highballglas geben. Nach Belieben Grenadinesirup hinzufügen und umrühren. Mit der Maraschinokirsche garnieren.*

Die Virgin Mary hat bis auf den Wodka alles, was ihre Schwester Bloody Mary auch hat, und ist nicht minder beliebt. Vielleicht kein Drink für jede Tageszeit, aber genau das Richtige zu einem Brunch am Tag danach, wenn der Kater nicht allzu heftig ist.

## VIRGIN MARY

TOMATENSAFT
2 GROSSE SPRITZER WORCESTERSAUCE
2 GROSSE SPRITZER TABASCO
1 PRISE SELLERIESALZ
1 PRISE FRISCH GEMAHLENER SCHWARZER PFEFFER
1 SPRITZER FRISCH GEPRESSTER ZITRONENSAFT
1 TL MEERRETTICHSAUCE
1 ZITRONENSCHEIBE
1 SELLERIESTANGE

*Ein Highballglas fast bis zum Rand mit Eis und Tomatensaft füllen. Die restlichen Zutaten in einem Mixglas vermengen, an den Tomatensaft geben und verrühren. Mit Zitronenscheibe und Selleriestange garnieren.*

# ROY ROGERS

COCA-COLA
GRENADINESIRUP (NACH BELIEBEN)
1 MARSCHINOKIRSCHE

*Coca-Cola in ein mit Eis gefülltes Highballglas geben. Nach Belieben Grenadinesirup hinzufügen und verrühren. Mit der Maraschinokirsche garnieren.*

Der „saubere" Cowboy-Star Roy Rogers hatte zwar nicht den Weltruf einer Shirley Temple, war aber im eigenen Land berühmt genug, um seinen Namen einem alkoholfreien Cocktail zu leihen. Dabei handelt es sich im Grunde um einen Shirley Temple mit Coca-Cola anstatt Ginger Ale, was ihm aufgrund der dunkleren Färbung eine etwas männlichere Ausstrahlung gibt.



# PUSSYFOOT COCKTAIL

*Alle Zutaten in einem mit Eis gefüllten Cocktailshaker schütteln und in einen Tumbler gießen. Mit der Kirsche garnieren.*

25 ML FRISCH GEPRESSTER LIMETTENSAFT
25 ML FRISCH GEPRESSTER ZITRONENSAFT
25 ML FRISCH GEPRESSTER ORANGENSAFT
1 SPRITZER GRENADINESIRUP
1 KIRSCHE MIT STIEL

Wenn Sie wie eine Katze immer wieder auf den Füßen landen wollen, sollten Sie zum Pussyfoot Cocktail greifen, einem der wenigen alkoholfreien Drinks, die Eingang in klassische Cocktailbücher gefunden haben. Die durchdringende Säure frisch gepresster Zitrussäfte sorgt für einen klaren Kopf und empfiehlt sich für alle, die an diesem Abend den Fahrerjob haben.

# REGISTER DER HAUPTDARSTELLER

Allyson, June 21
Andrews, Dana 24
Armstrong, Louis 34
Arnold, Edward 112
Astaire, Fred 77
Ayres, Lew 29

Bacall, Lauren 45, 98
Bancroft, George 119
Barrymore, John 73, 89
Barrymore, Lionel 73
Baxter, Anne 18
Beatty, Warren 85
Beery, Wallace 73
Bendix, William 114
Bennett, Bruce 90
Bennett, Constance 17
Bergman, Ingrid 31, 94
Bickford, Charles 47
Blackburn, Joan 103
Blondell, Joan 114
Bogart, Humphrey 27, 31, 45, 65, 94, 98, 99
Borgnine, Ernest 93
Brando, Marlon 101
Brennan, Walter 98
Brent, Evelyn 119
Brent, George 27
Brook, Clive 119
Burke, Billie 75
Butterworth, Charles 34

Carson, Jack 79
Catlett, Walter 34
Claire, Ina 70
Clift, Montgomery 93
Colbert, Claudette 63
Connolly, Walter 63
Coward, Noël, Sir 97
Crawford, Joan 60, 66, 73
Crosby, Bing 81
Cummings, Constance 112

Davis, Bette 18, 27, 55, 75, 89
Douglas, Melvyn 70
Durante, Jimmy 89

Ewell, Tom 59, 117

Fairbanks, Douglas, Jr. 42, 60
Fitzgerald, Geraldine 27
Gable, Clark 17, 63, 104
Garbo, Greta 46, 47, 70, 73
Gardiner, Reginald 89
Gardner, Ava 69
Garfield, John 66
Garson, Greer 29
Grant, Cary 33
Guinness, Alec, Sir 97

Hayward, Susan 69
Hayworth, Rita 42, 50
Henreid, Paul 55
Hepburn, Audrey 107
Hepburn, Katharine 33
Hussey, Ruth 33

Ives, Burl 79, 97

Jefferson, Bert 75

Kelly, Grace 81
Kerr, Deborah 57, 93
Kohler, Fred 119

Lancaster, Burt 93
La Rocque, Rod 60
Leigh, Vivien 85, 104
Lenya, Lotte 85
London, Julie 117
Louise, Anita 90
Loy, Myrna 23

MacMurray, Fred 86
Mansfield, Jayne 117
Marion, George F. 47
McLaglen, Victor 41
Michael, Gertrude 41
Milland, Ray 49
Mitchell, Grant 75
Mitchell, Thomas 42
Monroe, Marilyn, 59, 107

Newman, Paul 79
Niven, David 21
Novak, Kim 50

Ober, Philip 57
O'Brien, Edmond 53

Peck, Gregory 57, 69
Peppard, George 107
Powell, William 23
Presley, Elvis 103
Price, Vincent 24
Prince, William 65

Qualen, John 42

Rains, Claude 55, 94
Reagan, Ronald 27
Reed, Donna 93
Richardson, Ralph, Sir 97
Robinson, Edward G. 86
Rogers, Ginger 75
Rogers, Roy 121

Sakall, SZ 31
Scott, Lizabeth 65
Sheridan, Ann 89
Sherwood, Madeleine 79
Silva, Howard de 49
Silvers, Phil 114
Simmons, Jean 101
Sinatra, Frank 50, 93, 101
St John, Jill 85
Stanwyck, Barbara 86
Stewart, James 33
Stone, Lewis 73

Taylor, Elizabeth 79
Taylor, Robert 29
Temple, Shirley 120, 121
Terry, Phillip 49
Tierney, Gene 24
Treen, Mary 114
Tyrell II, John 90

Webb, Clifton 24
West, Mae 34
Wilson, Dooley 31
Winninger, Charles 34
Winters, Roland 103
Woolley, Monty 75, 89
Wyman, Jane 49

Young, Robert 112

# FILMREGISTER

Alles über Eva (All About Eve) 18
Angels Over Broadway 42
Anna Christie 47

Blaues Hawaii (Blue Hawaii) 103

Casablanca 31, 94

Das verflixte siebte Jahr (The Seven Year Itch) 59
Das verlorene Wochenende (The Lost Weekend) 49
Dead Reckoning 65
Der Mann, der zum Essen kam (The Man Who Came to Dinner) 75, 89
Der römische Frühling der Mrs Stone (The Roman Spring of Mrs Stone) 85
Die Katze auf dem heißen Blechdach (Cat on a Hot Tin Roof) 79
Die Krone des Lebens (Beloved Infidel) 57
Die Nacht vor der Hochzeit (The Philadelphia Story) 33, 111; siehe auch High Society
DOA (Dead On Arrival) 53
Don Juan Quilligan 114

Es geschah in einer Nacht (It Happened One Night) 63
Every Day's a Holiday 34

Frau ohne Gewissen (Double Indemnity) 86
Frühstück bei Tiffany (Breakfast At Tiffany's) 107

Haben und Nichthaben (To Have and Have Not) 98, 99
High Society 81; siehe auch Die Nacht vor der Hochzeit
Humoreske (Humoresque) 66

Ich tanz' mich in dein Herz hinein (Top Hat) 77

Laura 24

Mein Mann Gottfried (My Man Godfrey) 21
Menschen im Hotel (Grand Hotel) 73
Mordsache „Dünner Mann" (The Thin Man) 23
Murder at the Vanities 41

Ninotschka (Ninotchka) 70

Opfer einer großen Liebe (Dark Victory) 27
Our Modern Maidens 60
Pal Joey 50
Phantom Submarine 90

Reise aus der Vergangenheit (Now, Voyager) 55
Remember? 29
Remember Last Night? 112

Schnee am Kilimandscharo (The Snows of Kilimanjaro) 69
Schwere Jungs und leichte Mädchen (Guys and Dolls) 101

Take One False Step 14
The Girl Can't Help It 117
Tote schlafen fest (The Big Sleep) 45

Unser Mann in Havanna (Our Man in Havana) 97
Unterwelt (Underworld) 119

Verdammt in alle Ewigkeit (From Here to Eternity) 93
Vom Winde verweht (Gone With the Wind) 104

Zwei wie Katz' und Hund (After Office Hours) 17

# REZEPTREGISTER

Americano 84

Bacardi Cocktail 36
Bellini 35
Black Russian 71
Bloody Mary 117
Blue Blazer 51
Bourbon Highball 53
Brandy Alexander 80
Brandy Flip 72
Buck's Fizz 76

Campari Cocktail 36
Champagner Cocktail 30
Corpse Reviver 113
Cuba Libre 108

Daiquiri 99
Dry Martini 17
Dubonnet Cocktail 37

Egg Nog 74

Gibson 19
Gimlet 68
Gin and It 24
Gin Fizz 64
Gin Rickey 80

Hair of the Dog 118
Hot Toddy 79

Imperial 28

John Collins 67

Kir Royale 33
Kir 33
Knickerbocker 22

Mai Tai 102
Manhattan 40
Margarita 109
Milk Punch 100
Mimosa 76
Mint Julep 88
Mojito 97

Negroni 84

Old Fashioned 54

Pimm's Cocktail 86
Piña Colada 108
Pink Gin 26
Planter's Punch 104
Prairie Oyster 115
Pussyfoot Cocktail 121

Ramos Gin Fizz 64
Rob Roy 42
Roy Rogers 121
Rusty Nail 48

Salty Dog 91
Sazerac 56
Scotch Mist 45
Screwdriver 93

Sea Breeze 91
Shirley Temple 120
Sidecar 61
Singapore Sling 95
Stinger 81

Tequila Sunrise 109
Tom and Jerry 81
Tom Collins 67

Vermouth Cocktail 37
Virgin Mary 120
Wodka Gimlet 68
Wodka Martini 21

Whisky Mac 46
Whiskey Sour 59
White Lady 63
White Russian 71

Zombie 107

# REZEPTREGISTER

**(nach Zutaten geordnet)**

**Angostura**
Campari Cocktail 36
Champagner Cocktail 30
Pink Gin 26
Imperial 28
Mai Tai 102
Planter's Punch 104
Rob Roy 42
Vermouth Cocktail 37
Whiskey Sour 59

**Apricot Brandy**
Mai Tai 102

**Bourbon**
Bourbon Highball 53
Mint Julep 88
Old Fashioned 54
Sazerac 56
Whiskey Sour 59

**Calvados**
Corpse Reviver 113

**Campari**
Americano 84
Campari Cocktail 36
Negroni 84

**Champagner**
Bellini 35
Buck's Fizz 76
Champagner Cocktail 30
Kir Royale 33
Mimosa 76

**Cherry Heering**
Singapore Sling 95

**Cointreau/Triple Sec**
Margarita 109
Sidecar 61
White Lady 63

**Crème de Cacao**
Brandy Alexander 80

**Crème de Cassis**
Kir 33
Kir Royale 33

**Crème de Menthe**
Stinger 81

**Drambuie**
Rusty Nail 48

**Dubonnet**
Dubonnet Cocktail 37

**Gin**
Dubonnet Cocktail 37
Dry Martini 17
Gibson 19
Gimlet 68
Gin and It 24
Gin Fizz 64
Gin Rickey 80
Imperial 28
John Collins 67
Knickerbocker 22
Negroni 84
Pink Gin 26
Pink Lady 63
Ramos Gin Fizz 64
Singapore Sling 95
Tom Collins 67
White Lady 63

# REZEPTREGISTER (Fortsetzung)

**nach Zutaten geordnet**

**Ingwerwein**
Whisky Mac 46

**Kahlúa**
Black Russian 71
White Russian 71

**Ohne Alkohol**
Pussyfoot Cocktail 121
Roy Rogers 121
Shirley Temple 120
Virgin Mary 120

**Orangefarbener Curaçao**
Mai Tai 102
Mimosa 76

**Orangen-Magenbitter**
Manhattan 40
Old Fashioned 54

**Pernod**
Sazerac 56

**Peychaud-Magenbitter**
Sazerac 56

**Pimm's No. 1**
Pimm's Cocktail 86

**Rum**
Bacardi Cocktail 36
Cuba Libre 108
Daiquiri 99
Egg Nog 74
John Collins 67
Mai Tai 102
Milk Punch 100
Mojito 97
Piña Colada 108
Planter's Punch 104
Tom and Jerry 81
Zombie 107

**Rye Whiskey**
Manhattan 40
Sazerac 56
Whiskey Sour 59

**Scotch Whisky**
Blue Blazer 51
Hair of the Dog 118
Hot Toddy 79
Rob Roy 42
Rusty Nail 48
Scotch Mist 45
Whisky Mac 46

**Tequila**
Margarita 109
Tequila Sunrise 109

**Vermouth**
Americano 84
Corpse Reviver 113
Dry Martini 17
Gibson 19
Gin and It 24
Imperial 28
Knickerbocker 22
Manhattan 40
Rob Roy 42
Vermouth Cocktail 37
Wodka Martini 21

**Weinbrand/Cognac**
Brandy Alexander 80
Brandy Flip 72
Champagner Cocktail 30
Corpse Reviver 113
Egg Nog 74
Milk Punch 100
Prairie Oyster 115
Sidecar 61
Stinger 81
Tom and Jerry 81

**Weißwein (trocken)**
Kir 33

**Wodka**
Black Russian 71
Bloody Mary 117
Campari Cocktail 36
Gibson 19
Gimlet 68
Salty Dog 91
Screwdriver 93
Sea Breeze 91
Wodka Gimlet 68
Wodka Martini 21
White Russian 71

# FILMOGRAFIE

**Filmtitel**: Produktionsjahr; Studio; Hauptdarsteller; Drehbuch

MGM: Metro Goldwyn Mayer TCF: Twentieth Century Fox

UA: United Artists

**Alles über Eva** (All About Eve): 1950; TCF; Hauptdarsteller: Bette Davis und George Sanders, Ann Baxter als Eve; in einer Nebenrolle Marilyn Monroe; Drehbuch: Joseph L. Mankiewicz, nach dem Roman *The Wisdom of Eve*, von Mary Orr. **Angels Over Broadway**: 1940; Columbia; Hauptdarsteller: Douglas Fairbanks Jr. und Rita Hayworth; Drehbuch: Ben Hecht. **Anna Christie**: 1930; MGM; Hauptdarsteller: Greta Garbo (in ihrem ersten Tonfilm) und Charles Bickford; Drehbuch: Frances Marion, nach einem Stück von Eugene O'Neill. **Blaues Hawaii** (Blue Hawaii): 1961; Hal B Wallis/Paramount; Hauptdarsteller: Elvis Presley und Joan Blackman; Drehbuch: Hal Kanter. **Boulevard der Dämmerung** (Sunset Boulevard): 1950; Paramount; Hauptdarsteller: William Holden, Gloria Swanson, Erich von Stroheim; Drehbuch: Billy Wilder, Charles Brackett und D. Marsham Jr. **Circe, the Enchantress**: 1924; Tiffany Productions; Hauptdarsteller: Mae Murray und James Kirkwood; Drehbuch: Vincente, Blasco Ibáñez. **Casablanca**: 1942; Warner; Hauptdarsteller: Humphrey Bogart und Ingrid Bergman; Drehbuch: Julius J. und Philip G. Epstein sowie Howard Koch; nach dem Stück *Everybody Comes to Rick's*, von Murray Burnett und Joan Alison. **Das verflixte siebte Jahr** (The Seven Year Itch): 1955; TCF; Hauptdarsteller: Marilyn Monroe und Tom Ewell; Drehbuch: Billy Wilder und George Axelrod, nach einem Stück von George Axelrod. **Das verlorene Wochenende** (The Lost Weekend): 1945; Paramount; Hauptdarsteller: Ray Milland und Jane Wyman; Drehbuch: Charles Brackett und Billy Wilder, nach einem Roman von Charles Jackson. **Dead Reckoning**: 1947; Columbia; Hauptdarsteller: Humphrey Bogart und Lizabeth Scott; Drehbuch: Oliver H.P. Garrett und Steve Fisher. **Der Mann, der zum Essen kam** (The Man Who Came to Dinner): 1942; Warner Bros.; Hauptdarsteller: Bette Davis und Monty Woolley sowie Jimmy Durante bei seinem Filmdebüt; Drehbuch: Julius J. und Philip G. Epstein, nach einem Stück von George Kaufman und Moss Hart. **Der römische Frühling der Mrs. Stone** (The Roman Spring of Mrs. Stone): 1961; Seven Arts Productions; Hauptdarsteller: Warren Beatty und Vivien Leigh; Drehbuch: Gavin Lambert, nach einer Novelle von Tennessee Williams. **Die Katze auf dem heißen Blechdach** (Cat on a Hot Tin Roof): 1958; MGM/Avon; Hauptdarsteller: Paul Newman, Burl Ives, Elizabeth Taylor; Drehbuch: Richard Brooks und James Poe; Nach einem Stück von Tennessee Williams. **Die Krone des Lebens** (Beloved Infidel): 1959; TCF; Hauptdarsteller: Gregory Peck und Deborah Kerr; Drehbuch: Sy Bartlett; nach einer Vorlage von Sheilah Graham und Gerold Frank. **Die Nacht vor der Hochzeit** (The Philadelphia Story): 1940; MGM; Hauptdarsteller: Cary Grant, Katherine Hepburn, James Stewart; Drehbuch: Donald Ogden Stewart, nach einem Stück von Philip Barry; Grant spendete sein Honorar für Kriegsopfer. **Dinner um acht** (Dinner at Eight): 1933; MGM; Hauptdarsteller: John Barrymore und Marie Dressler, in einer Nebenrolle Jean Harlow; Drehbuch: Frances Marion und Herman J. Mankiewicz, nach einem Stück von George Kaufman und Edna Ferber. **DOA**: 1949; UA/Leo C. Popkin; Hauptdarsteller: Edmond O'Brien und Pamela Britton; Drehbuch: Russel Rouse und Clarence Greene. **Don Juan Quilligan**: 1945; TCF; Hauptdarsteller: William Bendix, Phil Silvers und Joan Blondell; Drehbuch: Arthur Kober und Frank Gabrielson, nach einer Vorlage von Herbert Clyde Lewis. **Es geschah in einer Nacht** (It Happened One Night): 1934; Columbia; Hauptdarsteller: Claudette Colbert und Clark Gable; Drehbuch: Robert Riskin, nach der Vorlage *Night Bus* von Samuel Hopkins Adam. **Every Day's a Holiday**: 1937; Paramount; Hauptdarsteller: Mae West, Edmund Lowe, Charles Butterworth; Drehbuch: Mae West. **Frau ohne Gewissen** (Double Indemnity): 1944; Paramount; Hauptdarsteller: Fred MacMurray und Barbara Stanwyck; Drehbuch: Billy Wilder und Raymond Chandler, nach einer Vorlage von James Cain. **Frühstück bei Tiffany** (Breakfast at Tiffany's): 1961; Paramount; Hauptdarsteller: Audrey Hepburn und George Peppard; Drehbuch: George Axelrod; nach einem Roman von Truman Capote. **Haben und Nichthaben** (To Have and Have Not): 1945; Warner Bros.; Hauptdarsteller: Humphrey Bogart und Lauren Bacall; Drehbuch: Jules Furthmann und William Faulkner, nach einem Roman von Ernest Hemingway. **Humoreske** (Humoresque): 1946; Warner Bros.; Hauptdarsteller: Joan Crawford und John Garfield; Drehbuch: Clifford Odets und Zachary Gold, nach einemRoman von Fannie Hurst. **Ich tanz' mich in dein Herz hinein** (Top Hat): 1935; RKO; Hauptdarsteller: Fred Astaire und Ginger Rogers; Drehbuch: Dwight Taylor und Allan Scott; Aufnahme von RKO aus den 30ern. **Island in the Sun**: 1957; TCF/Zanuck; Hauptdarsteller: James Mason, Joan Fontaine, Harry Belafonte; Drehbuch: Alfred Hayes, nach einem Roman von Alec Waugh. **Laura**: 1944; TCF; Hauptdarsteller: Gene Tierney, Dana Andrews, Vincent Price, Clifton Webb; Drehbuch: Jay Dratler, Samuel Hoffenstein und Betty Reinhardt, nach einem Roman von Vera Caspary. **Mein Mann Gottfried** (My Man Godfrey): 1957; Universal; Hauptdarsteller: David Niven und June Allyson; Drehbuch: Everett Freeman, Peter Berneis und William Bowers, nach einem Drehbuch von Morrie Ryskind und Eric Hatch, nach dem Roman *110 Park Avenue* von Eric Hatch. **Menschen im Hotel** (Grand Hotel): 1932; MGM; Hauptdarsteller: Greta Garbo, John Barrymore, Wallace Beery, Lionel Barrymore, Joan Crawford; Drehbuch: William A. Drake, nach einem Roman und Stück von Vicki Baum. **Mordsache „Dünner Mann"** (The Thin Man): 1934; MGM; Hauptdarsteller: William Powell und Myrna Loy; Drehbuch: Frances Goodrich und Albert Hackett, nach Romanen von Dashiell Hammett. **Murder at the Vanities**: 1934; Paramount; Hauptdarsteller: Kitty Carlisle, Jack Oakie, Vincent McLaglen, Carl Brisson; Drehbuch: Carey Wilson, Joseph Gollomb und Sam Hellman.

**Ninotschka** (Ninotchka): 1939; MGM; Hauptdarsteller: Greta Garbo, Melvyn Douglas, Ina Claire; Drehbuch: Charles Brackett, Billy Wilder und Walter Reisch, nach einer Vorlage von Melchior Lengyel. **Opfer einer großen Liebe** (Dark Victory): 1939; Warner Bros.; Hauptdarsteller: Bette Davis und George Brent; Drehbuch: Casey Robinson, nach einem Stück von George E. Brewer und Bertram Bloch; Hauptdarstellerin der Bühnenversion: Tallulah Bankhead; Neubearbeitung 1963 und 1976. **Our Modern Maidens**: 1929; MGM; Hauptdarsteller: Joan Crawford, Douglas Fairbanks Jr., Rod La Rocque; Drehbuch: Josephine Lovett. **Pal Joey**: 1957; Columbia/Essex Sidney; Hauptdarsteller: Frank Sinatra, Rita Hayworth, Kim Novak; Drehbuch: Dorothy Kingsley, nach einer Vorlage von John O'Hara. **Paris in the Spring**: 1935; Paramount; Hauptdarsteller: Mary Ellis und Tullio Carminati; Drehbuch: Samuel Hoffenstein nach einem Stück von Dwight Taylor. **Reise aus der Vergangenheit** (Now, Voyager): 1942; Warner Bros.; Hauptdarsteller: Bette Davis, Paul Henreid, Claude Rains; Drehbuch: Casey Robinson, nach einem Roman von Olive Higgins Prouty. **Remember?**: 1939; MGM; Hauptdarsteller: Robert Taylor und Greer Garson; Drehbuch: Corey Ford und Norman Z. McLeod. **Remember Last Night?**: 1935; Universal; Hauptdarsteller: Robert Young und Constance Cummings; Drehbuch: Harry Clork, Doris Malloy und Dan Totheroh, nach dem Roman *Hangover Murders* von Adam Hobhouse. **Schnee am Kilimandscharo** (The Snows of Kilimanjaro): 1952; TCF; Hauptdarsteller: Gregory Peck und Susan Hayward; Drehbuch: Casey Robinson, nach einer Vorlage von Ernest Hemingway. **Schwere Jungs und leichte Mädchen** (Guys and Dolls): 1955; MGM; Hauptdarsteller: Frank Sinatra, Marlon Brando, Jean Simmons; Drehbuch: Joseph L. Mankiewicz, nach einem Stück von Jo Swerling und Abe Burrows, bearbeitet nach einer Vorlage von Damon Runyon. **Small Town Girl**: 1936; MGM; Hauptdarsteller: Janet Gaynor, Robert Taylor, James Stewart; Drehbuch: John Lee Mahin und Edith Fitzgerald, nach einem Roman von Ben Ames Williams. **Take One False Step**: 1939; Universal; Hauptdarsteller: William Powell und Shelley Winters; Drehbuch: Irwin Shaw und Chester Erskine, nach einem Roman von Irwin und David Shaw. **The Girl Can't Help It**: 1956; TCF; Hauptdarsteller: Tom Ewell und Jayne Mansfield; Drehbuch: Frank Tashlin und Herbert Baker. **The Phantom Submarine**: 1941; Columbia; Hauptdarsteller: Anita Louise und Bruce Bennett; Drehbuch: Joseph Krumgold, nach einer Vorlage von Augustus Muir. **Tote schlafen fest** (The Big Sleep): 1946; Warner Bros.; Hauptdarsteller: Humphrey Bogart und Lauren Bacall; Drehbuch: William Faulkner, Leigh Brackett und Jules Furthman, nach einem Roman von Raymond Chandler. **Unser Mann in Havanna** (Our Man in Havana): 1959; Columbia/Carol Reed (Kingsmead); Hauptdarsteller: Alec Guinness, Noël Coward, Ralph Richardson, Maureen O'Hara, Jo Morrow, Burl Ives; Drehbuch: Graham Greene, nach einem Roman von Graham Greene. **Unterwelt** (Underworld): 1927; Paramount; Hauptdarsteller: George Bancroft und Evelyn Brent; Drehbuch: Ben Hecht, Robert N. Lee, Josef von Sternberg. **Verdammt in alle Ewigkeit** (From Here to Eternity): 1953; Columbia; Hauptdarsteller: Burt Lancaster, Deborah Kerr, Frank Sinatra, Montgomery Clift; Drehbuch: Daniel Taradash, nach einem Roman von James Jones. **Vom Winde verweht** (Gone With the Wind): 1939; MGM/Selznick; Hauptdarsteller: Vivien Leigh und Clark Gable; Drehbuch: Sidney Howard u.a., nach einem Roman vom Margaret Mitchell. **Wie angelt man sich einen Millionär?** (How to Marry a Millionaire): 1953; TCF; Hauptdarsteller: Marilyn Monroe, Lauren Bacall, Betty Grable, William Powell; Drehbuch: Nunnally Johnson, nach einem Stück von Zoë Atkins, Dale Eunson und Katherine Albert. **Zwei wie Katz' und Hund** (After Office Hours): 1935; MGM; Hauptdarsteller: Clark Gable und Constance Bennett; Drehbuch: Hermann J. Mankiewicz.

Umschlagvorderseite: **Kobal Collection**/Metro-Goldwyn-Mayer.
Umschlagrückseite: **Kobal Collection**/Tiffany Productions
**Aquarius Picture Library**: Paramount Pictures Inc 34–35, 35; **The Ronald Grant Archive**: Columbia Pictures 90–91, 91, 92, 93, 96, 97; Metro-Goldwyn-Mayer 3, 22, 22–23, 70–71, 71, 78, 79, 100, 100–101, 104, 104–105; Paramount 9, 106, 107; Seven Arts Productions 84, 84–85; Twentieth Century-Fox 58, 59, 114–115, 115, 116, 117; United Artists Corporation 52, 53; Warner Bros; 94–95, 95; **Kobal Collection**: Columbia Pictures 42, 42–43, 50–51, 51, 62, 63, 64, 64–65; Metro-Goldwyn-Mayer 16, 17, 28, 28–29, 32, 33, 38–39, 46, 46–47, 60–61, 61, 72, 72–73; Paramount 10, 40, 40–41, 48, 48–49, 86, 87, 102, 102–103, 118, 118–119; RKO 76, 76–77; Tiffany Productions 110; Twentieth Century-Fox 13, 18–19, 19, 24, 25, 56, 56–57, 68, 68–69, 82–88; Universal 14, 20, 21, 112–113, 113; Warner Bros 26, 26–27, 30, 30–31, 44, 45, 54, 54–55, 66–67, 67, 74, 74–75, 98–99, 99; Warner Bros, Foto von Bert Six 88, 88–89

## Danksagung

Wir danken allen, die uns mit Rat und Tat und einem gelegentlichen Drink zur Seite standen, vor allem Jane Clinton, deren Mitarbeit unbezahlbar war, Jake Arnott für die rechtzeitige Stärkung und Rosemary Markowsky dafür, dass sie uns immer wieder im Nacken saß. Unser Dank geht auch an das Archiv des Ciné Club de Kennington und seinen Kustos Jon Davies, an Simon und Martin vom Cinema Museum und das Ronald Grant Archive sowie an all unsere Freunde bei Compass und in Kalifornien, Baltimore, New York und Hongkong, nicht zu vergessen die Herausgeber Jamie Ambrose und Hilary Lumsden, die Designer Gaye Allen und Colin Goody und das Team von Mitchell Beazley, mit einem besonderen Dankeschön an Margaret Little, deren Unterstützung einen perfekten Cocktail aus Ermutigung und Enthusiasmus darstellte. Cheers!